矿产开发利用
简明知识手册

武秋杰　曹进成　吕振福　主编

北　京
冶 金 工 业 出 版 社
2021

内 容 提 要

本手册包括采矿和选矿两部分。采矿部分主要以采矿基本概念、地下采矿、露天采矿为核心，兼顾特殊采矿等知识。选矿部分主要介绍了选矿的基本概念、主要设备和工艺方法等，同时涵盖了常见矿石的选矿方法。

本手册可供矿山生产管理技术人员、工人和矿政管理部门人员查阅，也可供从事矿产资源开发利用的科技人员及大专院校相关专业师生参考。

图书在版编目(CIP)数据

矿产开发利用简明知识手册/武秋杰,曹进成,吕振福主编.—北京:冶金工业出版社，2021.12

ISBN 978-7-5024-9001-0

Ⅰ.①矿… Ⅱ.①武… ②曹… ③吕… Ⅲ.①矿产资源开发—中国—手册 ②矿产资源—资源利用—中国—手册 Ⅳ.①F426.1-62

中国版本图书馆 CIP 数据核字(2021)第 257588 号

矿产开发利用简明知识手册

出版发行	冶金工业出版社	**电　话**	(010)64027926
地　址	北京市东城区嵩祝院北巷 39 号	**邮　编**	100009
网　址	www.mip1953.com	**电子信箱**	service@mip1953.com

责任编辑 高 娜 美术编辑 彭子赫 版式设计 郑小利

责任校对 郑 娟 责任印制 禹 蕊

北京博海升彩色印刷有限公司印刷

2021 年 12 月第 1 版，2021 年 12 月第 1 次印刷

880mm×1230mm 1/32；4.5 印张；133 千字；135 页

定价 50.00 元

投稿电话 (010)64027932 投稿信箱 tougao@cnmip.com.cn

营销中心电话 (010)64044283

冶金工业出版社天猫旗舰店 yjgycbs.tmall.com

(本书如有印装质量问题，本社营销中心负责退换)

前言

矿产资源开发利用技术人员在矿产资源开发利用水平调查和科普工作中，经常会遇到一些对矿山开发利用过程特别感兴趣的人。他们常常会提出“矿是怎么采出来的”“矿石是怎么进行加工的”等问题，也经常遇到一些矿产资源开发利用管理工作者提出有关矿产采、选方面的诸多问题。基于此，作者编写了这本《矿产开发利用简明知识手册》，力求通俗、易懂、生动，内容全面，适合广大读者阅读。

本手册介绍了矿山开发利用基础知识，将我国矿山开发利用环节按照从采矿到选矿的顺序对基本知识、现行成熟技术设备和主要技术经济指标进行介绍，既有基础性的理论，又有现场实例。其中，采矿部分包括采矿基本概念、地下采矿、露天开采和特殊采矿法等内容，选矿部分介绍了选矿的基本概念、主要设备简介、简明工艺方法概要和常用矿石选矿方法等知识。

作为矿产资源开发类的普及工具书，本手册具有较强的实用性，在编写格式上做到文、图、表结合，便于读者参照使用，对采矿、选矿基础理论和有关计算公式阐述简明扼要，力避烦琐。本手册可供矿山生产管理及技术人员、工人和矿政管理部门人员使用，也可供从事矿产资源开发利用的科技人员及大专院校相关专业师生参考。

本手册根据地质调查项目《46种重要矿产资源开发利用水平调查》的研究成果编写，该项目得到了自然资源部矿产资源保护监督司、中国地质调查局资源评价部和各省各级自然资源主管部门的指导和大力支持。

在编写过程中，本手册参阅并吸收了有关专家公开出版和发表的著作、论文、资料，在此向有关作者致以衷心的感谢。

由于本手册涉及知识面较宽及作者知识水平所限，手册中难免有不妥之处，敬请读者批评指正。

作 者

2021年3月

目　　录

1 采矿基本概念

1.1 矿产资源定义与分类

1.1.1 矿产资源的定义

矿产资源是经过地质成矿作用，埋藏于地下或出露于地表，并具有开发利用价值的矿物或有用元素的集合体。它们以元素或化合物的集合体形式产出，绝大多数为固态，少数为液态或气态，习惯上统称为矿产。矿产资源定义中，应注意区分以下几个概念。

1.1.1.1 *矿物*

矿物是天然的无机物质，有一定的化学成分，在通常情况下，各种矿物因内部分子构造不同，形成各种不同的几何外形，并具有不同的物理化学性质。

矿物有单体者，如金刚石、石墨、自然金等，但大部分矿物都是两种或两种以上元素组成，如石英、黄铁矿、方铅矿、闪锌矿、辉铜矿等。

1.1.1.2 *矿石*

通俗来讲，凡是地壳里面的矿物集合体，在现代技术经济水平条件下，能以工业规模从中提取国民经济所必需的金属或矿物产品的，就叫做矿石。

1.1.1.3 *矿体和矿脉*

矿体是指在现代技术经济条件下，能以工业规模开采的矿石聚集体。矿脉是以板状或其他不规则形状充填在各种岩石裂隙中的矿体。矿体和矿脉如图 1-1 所示。

1.1.1.4 *矿床*

矿床是指一个或数个矿体及其周围的岩石和地层、构造等整个含矿地段。

图 1-1　矿体和矿脉

1.1.1.5　围岩

围岩是指矿体周围的岩石。根据围岩与矿体的相对位置，有上盘与下盘围岩和顶板与底板围岩之分。凡位于倾斜至急倾斜矿体上方和下方的围岩，分别称之为上盘围岩和下盘围岩；凡位于水平或缓倾斜矿体顶部和底部的围岩，分别称之为顶板围岩和底板围岩。

1.1.1.6　废石

在矿体周围的岩石（围岩）以及夹在矿体中的岩石（夹石），不含有用成分或含量过少当前不宜作为矿石开采的，则称为废石。

1.1.2　矿产资源的分类

截至目前，全国已发现 173 种矿产。其中，能源矿产 13 种，金属矿产 59 种，非金属矿产 95 种，水气矿产 6 种。

全国已发现并具有查明资源储量的矿产有 162 种。

1.1.2.1　能源矿产

能源矿产 12 种，包括煤炭、石油、天然气、页岩气、煤层气、天然沥青、油页岩、油砂、石煤、铀、钍、地热。

1.1.2.2 金属矿产

金属矿产54种，包括铁矿、锰矿、铬铁矿、钒矿、钛矿、铜矿、铅矿、锌矿、铝土矿、镁矿、镍矿、钴矿、钨矿、锡矿、钼矿、锑矿、汞矿、铋矿、铂族金属（铂矿、钯矿、铱矿、铑矿、钌矿、锇矿）、金矿、银矿、铌矿、钽矿、铍矿、锂矿、锆矿、锶矿、铷矿、铯矿、稀土矿（钇矿、钆矿、铽矿、镝矿、铈矿、镧矿、镨矿、钕矿、钐矿、铕矿）、锗矿、镓矿、铟矿、铊矿、铪矿、铼矿、镉矿、钪矿、硒矿、碲矿。

1.1.2.3 非金属矿产

非金属矿产93种（括号中为亚矿种），包括金刚石、石墨、自然硫，硫铁矿、水晶（压电水晶、熔炼水晶、光学水晶、工艺水晶）、刚玉、蓝晶石、矽线石、红柱石、硅灰石，钠硝石、滑石、石棉、蓝石棉、云母（片云母、碎云母）、长石、电气石、石榴子石、叶蜡石、透辉石、透闪石、蛭石、沸石、明矾石、芒硝、石膏、重晶石、毒重石、天然碱、方解石、冰洲石、菱镁矿、萤石（普通萤石、光学萤石）、宝石、玉石（砚石）、黄玉、玛瑙、颜料矿物、石灰岩（电石用灰岩、制碱用灰岩、化肥用灰岩、熔剂用灰岩、玻璃用灰岩、水泥用灰岩、建筑用灰岩、制灰用灰岩、饰面用灰岩）、泥灰岩、白垩、白云岩（冶金用白云岩、化工用白云岩、玻璃用白云岩、建筑用白云岩）、石英岩（冶金用石英岩、玻璃用石英岩、化肥用石英岩）、砂岩（冶金用砂岩、玻璃用砂岩、水泥配料用砂岩、砖瓦用砂岩、化肥用砂岩、铸型用砂岩、陶瓷用砂岩、建筑用砂岩）、天然石英砂（玻璃用砂、铸型用砂、建筑用砂、水泥配料用砂、水泥标准砂、砖瓦用砂）、脉石英（冶金用脉石英、玻璃用脉石英、水泥配料用脉石英）、粉石英、天然油石、含钾岩石、含钾砂页岩、硅藻土、页岩（陶粒页岩、砖瓦用页岩、水泥配料用页岩、建筑用页岩）、高岭土、陶瓷土、耐火黏土、凹凸棒石黏土、海泡石黏土、伊利石黏土、累托石黏土、膨润土、铁矾土、其他黏土（铸型用黏土、砖瓦用黏土、陶粒用黏土、水泥配料用黏土、水泥配料用红土、水泥配料用黄土、水泥配料用泥岩、保温材料用黏土）、橄榄岩（耐火用橄榄岩、化肥用橄榄岩、建筑用橄榄岩）、蛇纹岩（化肥用蛇纹岩、熔剂用蛇纹岩、饰面用蛇纹岩）、辉石岩（饰面用辉石岩、建筑用辉石岩）、玄武岩（铸石用玄武岩、饰面用玄武岩、岩棉用玄武岩、建筑用玄武岩、水泥混合材用玄武岩）、角闪岩（饰面用角闪岩、建筑用角闪岩）、辉绿岩（水泥用辉绿岩、铸石用辉绿岩、建筑用辉绿岩、饰面用辉绿岩）、辉长岩（建筑用辉长岩、饰面用辉长岩）、安山岩（建筑用安山岩、水泥混合材用安山玢岩、饰面用安山岩）、闪长岩（水泥混合材用闪长玢岩、饰面用闪长岩、建筑用闪长岩）、正长岩（饰面用正长岩）、花岗岩（建筑用花岗岩、饰面用花岗岩）、珍珠岩、浮石、霞石正长岩、粗面岩、凝灰岩（玻璃用凝灰岩、水泥用凝灰岩、建筑用凝灰岩）、火山灰、火山渣、大理岩（饰面用大理岩、建筑用大理岩、水泥用大理岩、玻璃用大理岩）、板岩（饰面用板岩、水泥配料用板岩）、片麻岩、泥炭、盐矿、镁盐、钾盐、碘、溴、砷、硼、磷矿、麦饭石。

1.1.2.4 水气矿产

水气矿产3种，包括矿泉水、地下水、二氧化碳气。

1.2 矿床性质及指标

1.2.1 物理化学性质

1.2.1.1 硬度

坚硬程度是指矿岩抵抗工具侵入的能力，主要取决于矿岩的组成，如颗粒硬度、形状、大小、晶体结构以及颗粒间的胶结物性质等。硬度越大，凿岩越困难。

1.2.1.2 坚固性

坚固性是指矿岩抵抗机械破碎、爆破等综合作用下的外力的能力。

$$f = \frac{R}{100}$$

式中 f——矿岩坚固系数（相当于普氏系数）；

R——矿岩极限抗压强度，MPa。

1.2.1.3 稳固性

稳固性是指矿岩允许暴露面积的大小和暴露时间的长短。它不仅与矿岩本身地质条件（包括工程地质和水文地质）有关，而且与开采工艺和工程布置关系密切。稳固性是影响开采技术经济指标和作业安全性的重要因素。稳固性按稳固程度分为5类，具体见表1-1。

表1-1 稳固性分类

类别	表征
极不稳固	一经揭露即行垮塌
不稳固	允许有较小的不支护面积，一般在$50m^2$以内
中等稳固	允许不支护暴露面积为$50\sim200m^2$
稳固	不支护暴露面积为$200\sim800m^2$
极稳固	不支护暴露面积$800m^2$以上

由于矿岩稳固性不仅取决于暴露面积，而且与暴露空间形状、暴露时间有关，因此，上述分类中允许不支护暴露面积仅是一个参考值。

1.2.1.4 结块性

结块性是指高硫矿石、黏土类矿石崩落后，在遇水和受压并经过一段时间，可能会重新黏结在一起的性质。矿石的结块性会对采下矿石的放矿、运输和提升产生影响。

1.2.1.5 氧化性

氧化性是指硫化矿石在水和空气的作用下，发生氧化反应转变为氧化矿石的性质。矿石氧化性会降低选矿回收指标。

1.2.1.6 自燃性

煤、硫化矿石、含碳矸石等在适当的环境中，与空气接触发生氧化而产生热，当物质的温度达到其燃点后，就引起着火自燃。矿石的自燃不仅造成了资源的浪费，而且恶化了工作面环境。

1.2.1.7 含水性

含水性是指矿岩吸收和保持水分的性质。含水性会影响矿石的放矿、运输和提升作业。

1.2.1.8　碎胀性

碎胀性是指矿岩破碎后，碎块之间的大量孔隙使其体积增大的性质。

$$碎胀系数(或松散系数)=\frac{破碎后体积}{原矿岩体积}$$

1.2.2　埋藏要素

矿床埋藏要素是指矿床在地壳中的走向长度、埋藏深度、延伸深度、形状、倾角、厚度等几何因素。

1.2.2.1　矿体形状

由于成矿环境和成矿作用的不同，矿体形状千差万别，主要有层状、脉状、块状、透镜状、网状、巢状等，具体见图1-2。

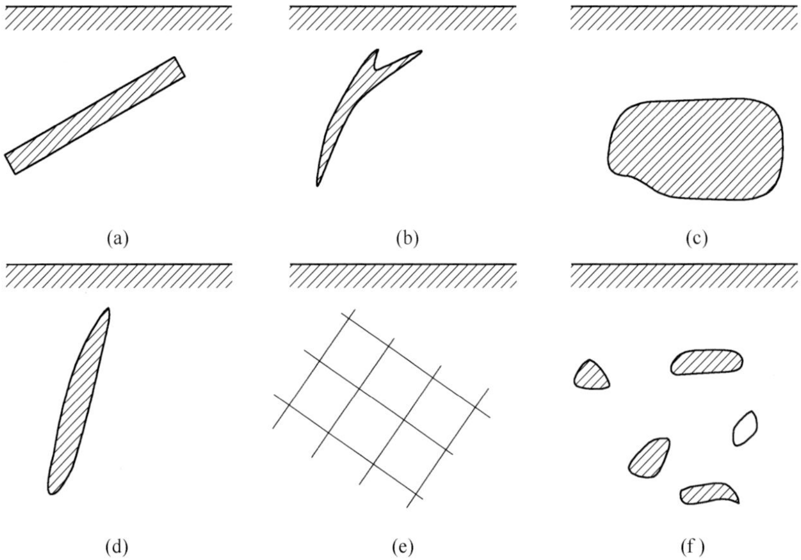

图1-2　矿体形状

（a）层状矿床；（b）脉状矿床；（c）块状矿床；
（d）透镜状矿床；（e）网状矿床；（f）巢状矿床

1.2.2.2 矿体倾角

根据矿产类别和矿体倾角表征，矿体倾斜分类具体见表1-2。

表1-2 矿体倾斜分类

矿产类别		倾斜类别	表 征
固体非能源矿产		水平和微倾斜矿体	矿体倾角小于5°
		缓倾斜矿体	矿体倾角5°~30°
		倾斜矿体	矿体倾角30°~55°
		急倾斜矿体	矿体倾角大于55°
煤炭	井工煤矿	近水平煤层	煤层倾角小于8°
		缓倾斜煤层	煤层倾角8°~25°
		倾斜煤层	煤层倾角25°~45°
		急倾斜煤层	煤层倾角大于45°
	露天煤矿	近水平煤层	煤层倾角小于5°
		缓倾斜煤层	煤层倾角5°~10°
		倾斜煤层	煤层倾角10°~45°
		急倾斜煤层	煤层倾角大于45°

1.2.2.3 矿体厚度

矿体厚度是指矿体上下盘之间的垂直距离或水平距离，前者称为垂直厚度或真厚度，后者称为水平厚度。除急倾斜矿体常用水平厚度来表示外，其他矿体多用垂直厚度。由于矿体形状不规则，因此厚度又有最大厚度、最小厚度和平均厚度之分。垂直厚度与水平厚度和矿体倾角有如下关系（见图1-3）：

$$H_v = H_l \cdot \sin\alpha$$

式中 H_v——矿体垂直厚度（真厚度）；

H_l——矿体水平厚度；

α——矿体倾角。

由于矿体形状不规则，因此厚度又有最大厚度、最小厚度和平均厚度之分。矿体厚度分类见表1-3。

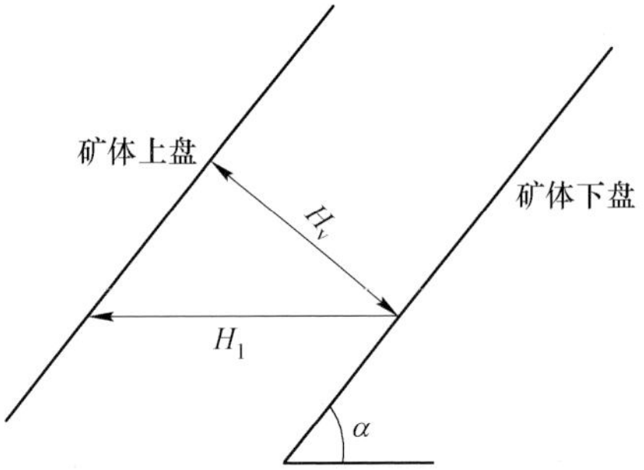

图 1-3　矿体厚度

表 1-3　矿体厚度分类

矿产类别		厚度类别	表　征
固体非能源矿产		极薄矿体	矿体厚度小于 0.8m
		薄矿体	矿体厚度为 0.8~2.0m
		中厚矿体	矿体厚度为 2.0~5.0m
		厚矿体	矿体厚度为 5.0~20.0m
		极厚矿体	矿体厚度大于 20.0m
煤炭	井工煤矿	薄煤层	煤层厚度小于 1.3m
		中厚煤层	煤层厚度为 1.3~3.5m
		厚煤层	煤层厚度大于 3.5m
	露天煤矿	薄煤层	煤层厚度小于 3.5m
		中厚煤层	煤层厚度为 3.5~10m
		厚煤层	煤层厚度大于 10m

1.2.2.4　*埋藏深度和延伸深度*

埋藏深度是指矿体从地表至矿体上部边界的垂直距离，而延伸深度是指矿体上下边界之间的垂直距离（见图 1-4）。

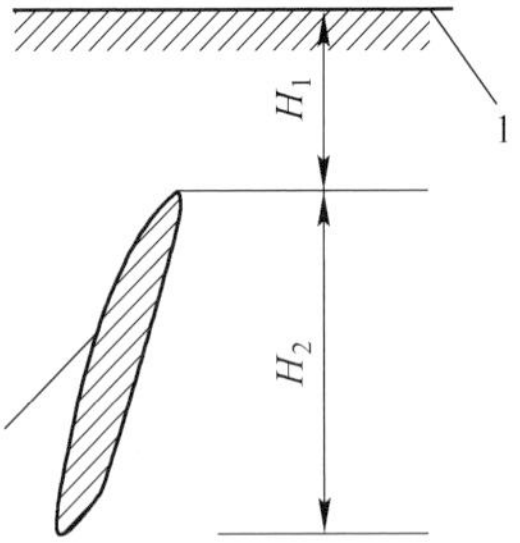

图 1-4　矿体的埋藏深度和延伸深度
1—地表；2—矿体；
H_1—埋藏深度；H_2—延伸深度

1.2.3　工业指标

1.2.3.1　*矿石品位*

矿石品位是指矿石中有用成分的含量，一般用质量分数（%）

表示，贵重金属则用 g/t 表示。

1.2.3.2 边界品位

边界品位是圈定矿体时对单个样品有用组分含量的最低要求。

1.2.3.3 最低工业品位

最低工业品位是在当前技术经济条件下，矿物原来的采收价值等于全部成本，即采矿利润率为零时的品位。

1.2.3.4 最小可采厚度

最小可采厚度亦称可采厚度，是在技术可行和经济合理的前提下，为最大限度利用矿产资源，根据矿区内矿体赋存条件和采矿工艺的技术水平而决定的一项工业指标。最小可采厚度用真厚度衡量。

1.2.3.5 夹石剔除厚度

夹石剔除厚度亦称最大允许夹石厚度，是开采时难以剔除，圈定矿体时允许夹在矿体中间合并开采的夹石的最大真厚度或应予剔除的最小厚度。

1.3 矿产开发相关概念

1.3.1 矿山地质

1.3.1.1 找矿

找矿方法是指为了寻找矿床而采用的工作方法和技术措施的总称，现主要有地质方法、物探方法、化探方法、遥感方法等。

生产矿山找矿的主要目的是在其深部、外部和外围寻找并探明新矿体或新矿床以至新矿种，增加新储量，为矿山制定长远规划，延长矿山服务年限或扩大生产能力提供接替资源。

1.3.1.2 矿床勘探

矿床勘探是指在发现矿床之后，对具有价值的对象通过勘探技术手段和加密勘探工程的进一步揭露，对矿床可能的规模、形态、产状、质量、技术经济条件作出评价，为矿山开采设计提供依据的工作。

1.3.1.3 生产勘探

生产勘探是指在矿山生产时紧密结合采矿生产作业程序，为采矿服务，并具有一定超前期的连续不断的勘探工作。采用的主要技术手段有槽（井）探、钻探和坑探3类。

1.3.1.4 矿山水文地质

矿山水文地质是指矿山地下水的各种变化和运动的现象。根据矿井水文地质条件、涌水量、水害情况和防治水难易程度可分为简单、中等、复杂、极复杂4种类型。

1.3.1.5 矿山地质灾害

由矿山资源开发导致的地质灾害主要包括滑坡、崩塌、泥石流、地面塌陷、地裂缝、流砂和采空区垮落等。

1.3.1.6 矿产储量管理

储量管理是指通过经常总结分析储量的增减与级别变动情况，确定生产勘探的方针与任务，为矿山的长远发展与采掘计划编制提供可靠的地质储量。主要包括编制矿产储量表、确定和检查矿产储量保有程度、划分三级矿量（开拓矿量、采准矿量和备采矿量）、检查三级矿量的保有指标等。

1.3.1.7 矿石质量管理

矿石质量管理是指为充分合理地利用矿产资源，满足使用单位对矿石质量的要求，按规定的矿石质量指标而进行的一项经常性管理工作。主要包括：对采下的矿石和出矿矿石质量的检查管理，进行矿石贫化的统计和分析；协同采矿人员采取必要的措施降低贫化率；进行适当的配矿或出矿监督管理，以减少矿石质量的波动和避免不同自然类型、工业品级矿石的混杂等。

1.3.1.8 等高线

等高线指的是地形图上高程相等的相邻各点所连成的闭合曲线。把地面上海拔高度相同的点连成的闭合曲线，垂直投影到一个水平面上对应的曲线即为等高线（见图1-5）。

1.3.2 矿产开采方式及生产能力

1.3.2.1 固体矿山开采方式

固体矿山开采方式主要包括露天开采、地下开采和露天-地下联合开采三种方式（见图1-6~图1-8）。露天-地下联合开采是指矿山从

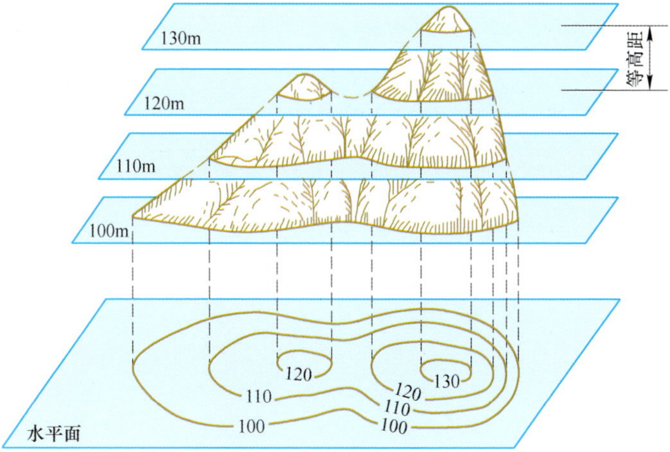

图 1-5　等高线示意图

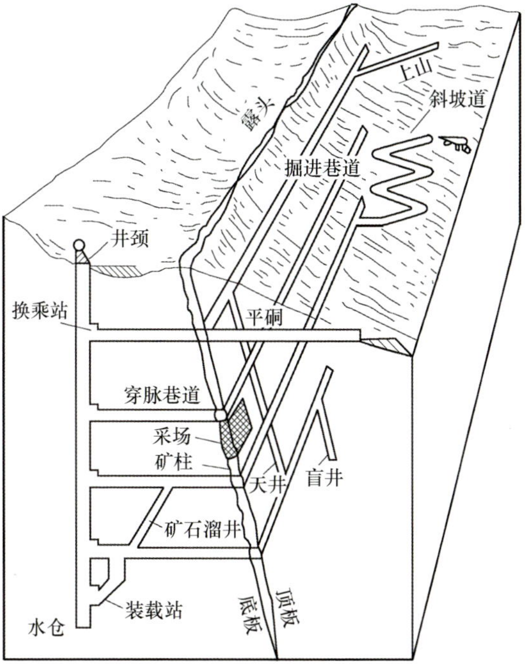

图 1-6　地下开采工程基本构成示意图

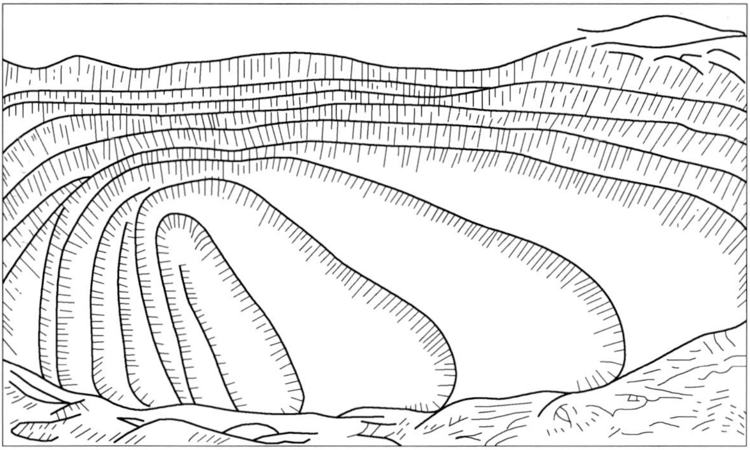

图 1-7　露天采场示意图

开始生产并在以后相当长的时期内，采用露天与地下方法联合进行开采。

1.3.2.2　矿山生产能力

矿山生产能力是指矿山在正常生产情况下，在一定时间内开采或处理矿石的能力，一般用万吨/年、吨/年表示。矿山生产能力是矿床开发的重要技术经济指标之一。

1.3.2.3　矿山服务年限

矿山服务年限是指一个矿山从投产到闭坑的时间周期。

1.3.3　回采、损失与贫化

1.3.3.1　回采和开采回采率

回采是指从完成采准、切割工作的矿块内采出矿石的过程。

开采回采率是指当期采出的纯矿石量（资源储量）占当期消耗的矿产资源储量的百分比。

$$K = \frac{Q_c}{Q} \times 100\% = \frac{Q - Q_s}{Q}$$

式中 K——开采回采率,%;

Q——当期消耗储量，万吨；

Q_c——当期采出的纯矿石量（资源储量)，万吨；

Q_s——损失资源储量，万吨。

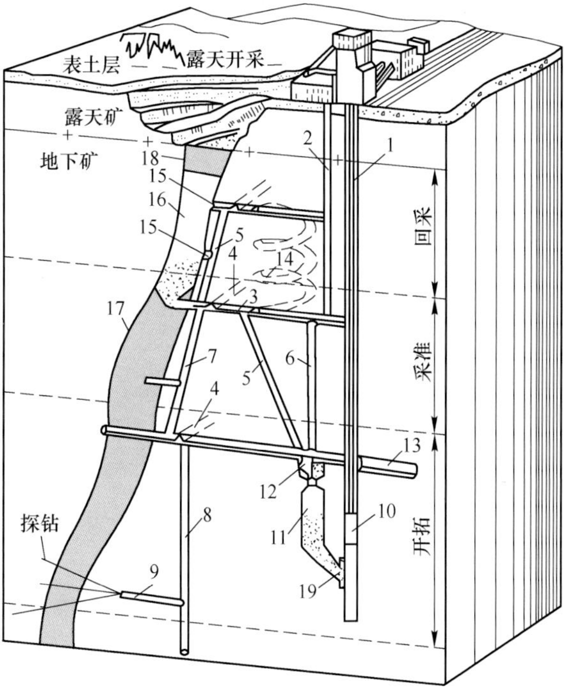

图 1-8 露天-地下联合开采系统示意图

1—主（副）井；2—风井；3—石门；4—阶段运输巷；5—矿石溜井；6—废石溜井；7—人行天井；8—盲井；9—勘探巷道；10—箕斗；11—矿石仓；12—破碎机硐室；13—水泵房；14—斜坡道；15—分段巷道；16—采场；17—矿体；18—矿柱；19—装载站

1.3.3.2 损失和损失率

损失是指在矿床开采过程中，由于某些原因造成的部分工业矿石的丢失。按矿石损失类别，可将矿石损失原因大体归纳为图 1-9。

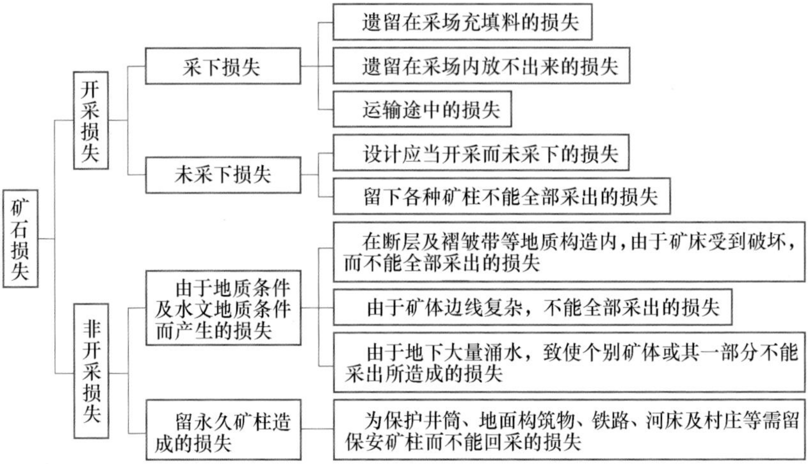

图 1-9　矿石损失原因

损失率是指采矿过程中损失资源储量占当期消耗储量的百分比。

$$S = \frac{Q_s}{Q} \times 100\% \text{（直接法）}$$

$$S = 1 - K \text{（间接法）}$$

式中　S——损失率，%。

注：直接法是指允许地测人员直接进入采场观测的计算方法；间接法是指使用的采矿方法不允许地测人员进入采场观测的计算方法。

1.3.3.3　贫化和贫化率

贫化是指在采矿、运输过程中，由于围岩和夹石的混入或富矿的丢失，造成矿石品位降低的现象。产品矿石贫化的原因为：废石的混入，高品位粉矿损失，有用成分氧化或析出等。

贫化率是指工业矿石品位降低的程度。

$$\rho = \frac{\alpha - \alpha'}{\alpha} \times 100\%$$

式中　ρ——贫化率，%；

α——工业储量矿石的品位,%或 g/t;

α'——采出矿石的品位,%或 g/t。

1.3.3.4 废石混入率

废石混入率是指采下或放出矿石中所含废石的百分数。

$$\gamma = \frac{R}{T} \times 100\% \text{（直接法）}$$

$$\gamma = \frac{\alpha - \alpha'}{\alpha - \alpha''} \times 100\% \text{（间接法）}$$

式中 γ——废石混入率，100%；

R——混入采出矿石中的废石量，t；

T——采出矿石量，t；

α''——混入废石的品位,%或 g/t。

2　地 下 采 矿

2.1　地下开采的基本要求

矿山的开采工作是在不安全因素多、条件复杂、环境困难的情况下进行的。对固体矿床地下开采有以下基本要求：

（1）劳动生产率要高。采矿是个繁重、复杂、劳动强度大的生产过程，应尽量采用高效率的采矿方法、先进的生产工艺及新技术新设备，不断提高机械化程度和科学管理水平，为提高劳动生产率创造条件。

（2）矿石损失和贫化要小。在开采矿体的过程中，矿石损失、贫化要达到最小，这对充分利用自然资源有重大意义。

（3）综合利用水平要高。综合利用各类矿石和采出来的废石，如多种金属回收、废石用作铺路和建筑材料；同时对矿井水也应加强回收利用。

（4）采矿成本要低。采矿成本是衡量采矿工作好坏的综合指标。降低矿石成本的途径很多，主要有减少材料和动力的消耗、提高劳动生产率和科学的管理水平等方法。

（5）对环境扰动要小。必须十分重视环境保护工作，以减少对环境扰动。

2.2　井巷工程

井巷工程是指在采矿活动中设置的竖井、斜井、巷道及硐室等构筑物的总称。

通常依据围岩性质、井巷服务年限、矿山压力和支护材料来确定井巷断面形状，一般有圆形、拱形、矩形、梯形等。其中，立井多为圆形，开拓巷道多为拱形，准备巷道和回采巷道多为矩形、梯形或拱形。

2.2.1 井筒

从地面向地下开掘的垂直或倾斜坑道称为井筒，具体分类见表2-1。

表 2-1 井筒分类

分类依据	名称	说　明
倾斜程度	竖井	为采矿活动而开凿的铅垂井筒，一般为圆形断面
	斜井	为采矿活动而开凿的直线式倾斜巷道
用途	主井	提升矿石
	副井	提升废石、材料、设备及人员
	混合井	兼具主副井功能
是否直通地表	明井	有地表直通出口的井筒
	暗井	无出口直通地表的井筒

常见的竖井提升井架见图 2-1。

2.2.2 巷道

巷道是在矿岩中开凿的水平或倾斜通道的总称，如图 2-2 所示。

2.2.2.1 平巷和平硐

(1) 平巷。平巷是指不直通地表、坡度近似水平的巷道。在主阶段中运输矿石的平巷称为主要运输平巷。

1) 穿脉巷道。穿脉巷道是指与矿体直交或斜交并穿过矿体的巷道。

2) 沿脉巷道。沿脉巷道是指沿矿脉走向掘的巷道。

3) 脉内巷道。脉内巷道是指在矿脉内开掘的巷道。

4) 脉外巷道。脉外巷道是指在矿脉外开掘的巷道。

(2) 石门。石门是指从井筒通达矿体且与矿体走向直交或斜交的平巷。

(3) 平硐。平硐是指直通地表、坡度近似水平的巷道，也称平窿。

图 2-1　提升井架

图 2-2　巷道

2.2.2.2 天井和溜井

(1) 天井。天井是指连接上下两个阶段的运送设备材料、人行通风和采准切割用的倾斜或铅垂通道。

(2) 溜井。溜井是指依自重溜放矿石和废石的铅垂或倾斜通道。集中溜放若干阶段的矿石和废石的溜井称为主溜井。一条溜井分出一个或几个分支，用于溜放不同阶段矿、废石的溜井称为分支溜井。

2.2.2.3 斜坡道

斜坡道是指通行无轨自行设备或无轨车辆的公路式倾斜巷道，主要包括折返式和螺旋式两种形式，见图 2-3。

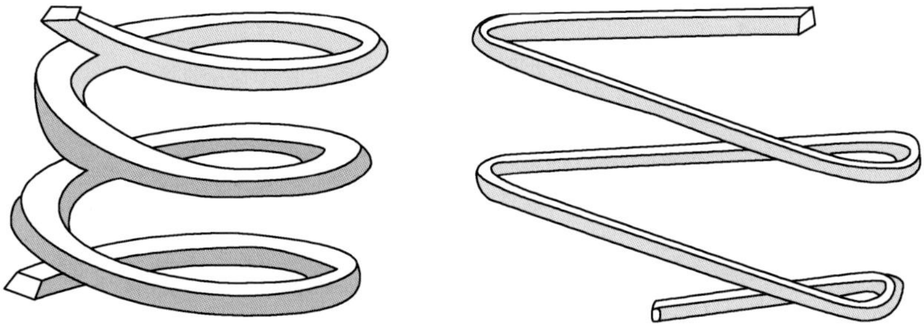

(a)　(b)

图 2-3 斜坡道

(a) 螺旋式；(b) 折返式

2.2.3 硐室

硐室是指在矿岩内开凿的、用于安置设备或存放材料等专门用途的地下构筑物。

2.2.4 充填井

充填井是指用于下放充填材料的井筒，又可分为以下三种：

(1) 废石井。井筒形式垂直或急倾斜，借重力运送废石或碎石，适用于干式充填。

(2) 管道井。井筒形式垂直或倾斜，设溜槽或管道，用重力或动力（风力和水力）运送砂石、尾砂或混凝土，管道可运送水泥干粉，适用于水力或胶结充填。

(3) 充填钻孔。在岩质坚硬且无裂隙的地层中由地表向地下钻大孔径钻孔，用水力运送砂石或尾砂，适用于水砂或尾砂充填。

2.2.5 井巷掘进

井巷掘进是指用机械、爆破、人力等方法开凿井巷的作业。

2.2.5.1 井巷施工

井巷施工就是把岩石从岩体上破碎下来，形成井筒、巷道及硐室等空间，并采用一定的支护材料和结构，对上述空间进行维护，防止围岩继续破碎和垮落。

井巷施工方法主要有普通施工法、机械施工法和特殊施工法三种类型。普通施工法是指利用炸药和爆炸能量破碎岩石；机械施工法是指利用刀具的截割、碾压、楔劈等作用破碎岩石；特殊施工法是指用炸药和机械两种方式破碎岩石。

目前，金属矿山井巷工程施工仍以凿岩爆破法为主，井巷支护普遍采用锚喷支护和混凝土拱形支护，凿岩、支护密切配合，随着工作面的推进，使凿岩、装药、爆破、通风、装运岩石、巷道支护各工序循环作业，进行有节奏的连续施工，实行一次成巷。

2.2.5.2 常用掘进设备

常用掘进设备包括掘进机、天井钻机、锚杆台车、全断面掘进机等，如图 2-4 所示。

(a)

(b)

(c)

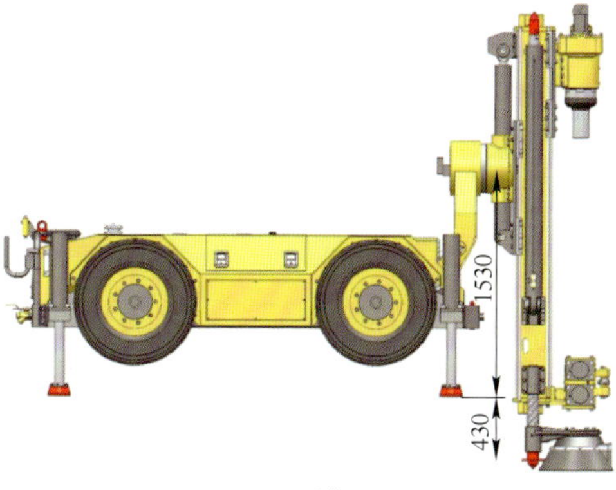

(d)

图 2-4 常掘进设备

（a）掘进机；（b）锚杆台车；（c）全断面掘进机；（d）天井钻机

2.3　矿床开拓

2.3.1　开采单元的划分及开采顺序

2.3.1.1　开采单元的划分

A　矿区、矿田和井田

划归一个公司开采的矿体，叫矿区；划归一个矿山企业开采的全部或部分矿床叫矿田；划归一个坑口开采的全部或一部分矿体叫井田（见图 2-5）。

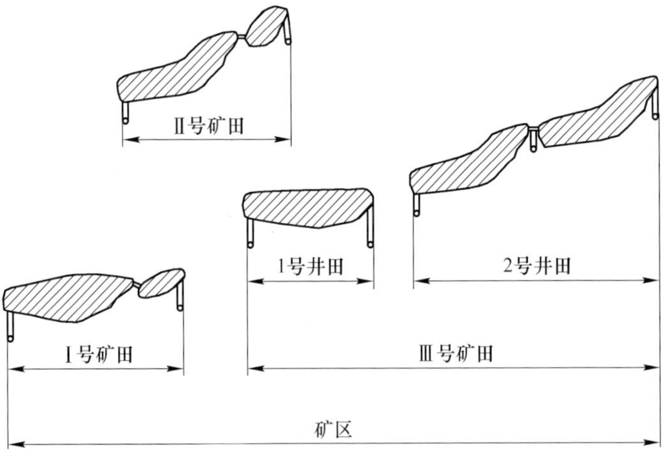

图 2-5　矿区、矿田和井田

B　阶段和矿块

（1）阶段。在开采缓倾斜、倾斜和急倾斜矿床时，在井田中每隔一定的垂直距离，掘进与走向一致的主要运输巷道，将井田在垂直方向上划分的矿段叫做阶段。阶段的范围沿走向以井田边界为限，沿倾斜以上下两个主要运输巷道为限。

（2）阶段高度。指上、下两个阶段运输平巷之间的垂直距离（图 2-6 中的 h）。阶段高度主要取决于矿床勘探类型、矿体倾角、采矿方法、矿床开拓运输系统等。

（3）矿块。在阶段中沿走向每隔一定距离，掘进天井连通上、下两个相邻的阶段运输平巷，将阶段再划分为独立的回采单元，称为矿块（图2-6中的6）。

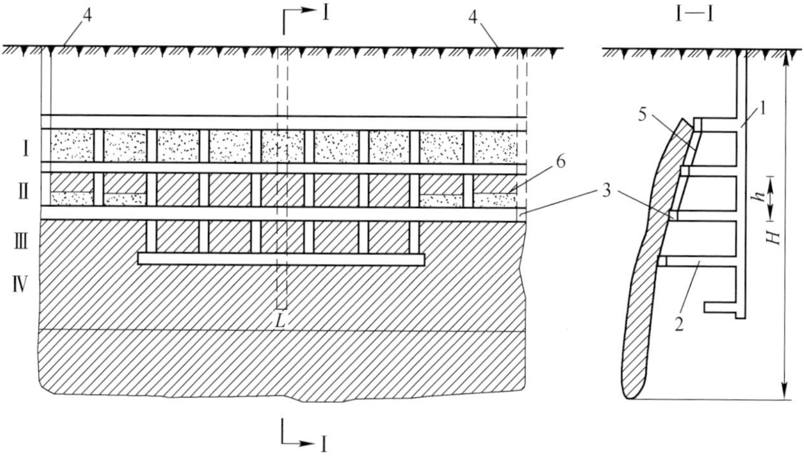

图2-6 阶段和矿块的划分

Ⅰ—已采完阶段；Ⅱ—正在回采阶段；Ⅲ—开拓、采准阶段；Ⅳ—开拓阶段；
H—矿体垂直埋藏深度；*h*—阶段高度；*L*—矿体走向长度
1—主井；2—石门；3—天井；4—排风井；5—阶段运输巷道；6—矿块

C 盘区和采区

（1）盘区。当开采水平和微倾斜矿床时，如果矿床的厚度不超过允许的阶段高度，则井田内不再划分阶段。此时，为了采矿工作方便，将井田盘区运输巷道划分为长方形的矿段，此矿段称为盘区（见图2-7）。

（2）采区。在盘区中沿走向每隔一定距离，掘进回采巷道连通相邻两个盘区运输巷道，将盘区再划分为独立的回采单元，把这个独立的回采单元称为采区（图2-7中的6）。

2.3.1.2 开采顺序

当用阶段开采时，井田中阶段的开采顺序有两种方式，见表2-2。

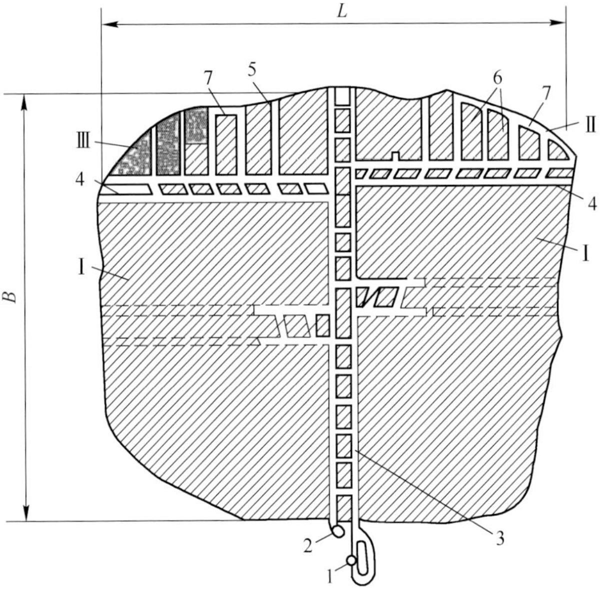

图 2-7 盘区和采区的划分

Ⅰ—开拓盘区；Ⅱ—采准盘区；Ⅲ—回采盘区

1—主井；2—副井；3—主要运输巷道；4—盘区运输巷道；

5—采区巷道；6—采区；7—切割巷道

表 2-2 井田中阶段开采顺序

顺序	说明	特　点
下行式	自上而下进行开采	在生产实际中，一般多采用下行式开采顺序。该法节省初期投资，缩短基定时间，在逐步向下的开采过程中，能进一步探清深部矿体，避免浪费，且生产安全条件好，适用的采矿方法范围广
上行式	自下而上进行开采	仅在开采缓倾斜矿床时的某些特殊情况下使用

开采顺序即开采工作相对于主要开拓巷道（主井、主平硐）的推进方向，主要包括三种形式，见表 2-3 和图 2-8。

表 2-3 阶段中矿块的开采顺序

顺序	说 明	特 点
前进式	当阶段运输平巷掘进一定距离后，从靠近主要开拓巷道的矿块回采，向井田边界依次推进	优点是矿井初期基建时间短，投产快，缺点是增加了采准巷道的维护费用
后退式	阶段运输巷道掘进到井田边界后，从井田边界的矿块开始，向主要开拓巷道方向依次回采	优点是巷道维护费用低，缺点是矿井初期基建时间长，投产慢
混合式	初期用前进式开采，待阶段运输平巷掘完后，改为后退式开采，或者改前进加后退同时开采	兼顾了前两种的优点，缺点是生产管理比较复杂

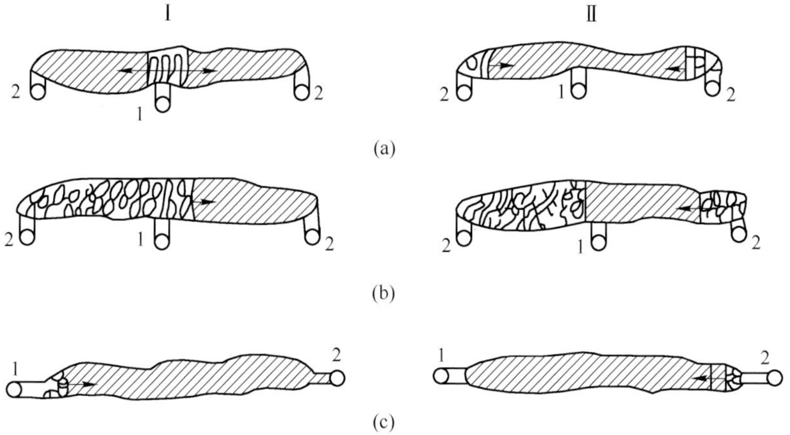

图 2-8 阶段中矿块的开采顺序平面图

(a) 双翼回采；(b) 单翼回采；(c) 侧翼回采

Ⅰ—前进式开采；Ⅱ—后退式开采

1—主井；2—排风井

2.3.2 开采步骤及三级储量

固体矿床地下开采一般分为开拓、采准、切割和回采四个步骤进行。

2.3.2.1 地下开拓

从地面开掘一系列巷道通达矿体，使地面与矿体之间形成一个完整的通路，以建立提升、运输、通风、排水、供电、供水、供风、行人等系统，称为地下开拓。

2.3.2.2 采准

采准是指在已开拓完毕的矿床里，掘进必要的井巷工程，将阶段划分成矿块作为回采的独立单元，并在矿块内创造行人、凿岩、放矿（出矿）、通风等条件。

2.3.2.3 切割

切割是指在已完成采准工作的矿块里，掘进切割天井和切割巷道，形成必要的回采空间的工作。

衡量采准切割工作量的大小，常用采准切割比来表示，简称采切比。采切比 K 是指每采出 1000t（或 10000t）矿石所需掘进的采准切割巷道的工程量，又称千吨采切比或万吨采切比，其单位有 m/kt、m^3/kt、m/万吨、m^3/万吨，表达式为：

$$K=\frac{\sum L}{T}$$

式中 $\sum L$——回采单元中采准切割巷道的总工程量，m 或 m^3；

T——回采单元中采出矿石的总量，kt 或万吨。

2.3.2.4 回采

回采是指在完成采切工作的矿块里，直接进行大量采矿作业的过程。包括凿岩、爆破、通风、矿石运搬、地压管理等工序。

2.3.2.5 三级储量

根据对矿床开采的准备程度，矿石储量分为开拓储量、采准储量和备采储量，称为三级储量。

（1）开拓储量。开拓储量是指在井田中已形成了完整的开拓系统所圈定的矿量。

（2）采准储量。采准储量是指完成了采矿方法所必须的采准工作量的回采单元中的储量。是开拓储量的一部分。

（3）备采储量。备采储量是指完成了采矿方法所要求的切割工作，可进行正常回采作业的回采单元中的储量，是采准储量的一部分。

2.3.3 开拓方法分类

根据主要开拓巷道开拓井田的不同范围，开拓方法分为单一开拓法和联合开拓法两大类。

2.3.3.1 单一开拓法

单一开拓法是指从地表掘进一种主要开拓巷道，直接通达矿体的开拓方法，主要有平硐、斜井、竖井、斜坡道等单一开拓法。

（1）平硐开拓。用平硐开拓井田时，主平硐水平以上各个阶段所采出的矿石，通过溜井或提升设备下放到主平硐水平，随后用电机车牵引矿车或汽车将矿石运至地面，如图2-9所示。

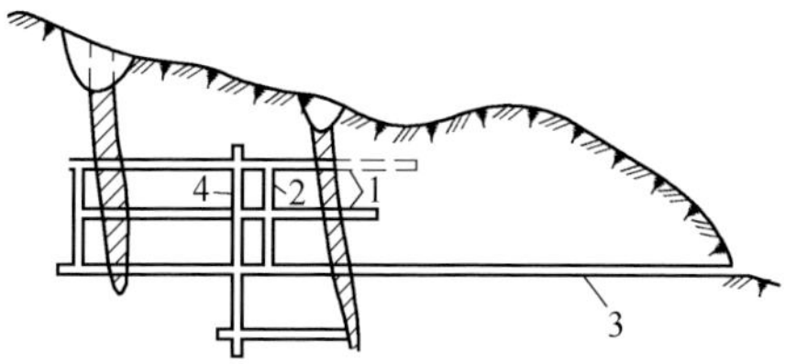

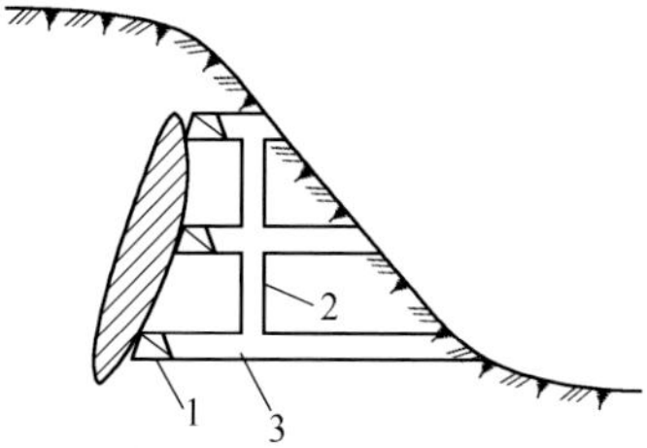

图2-9 平硐开拓法

（a）上盘平硐开拓法；（b）下盘平硐开拓法

1—阶段运输；2—溜井；3—主平硐；4—盲竖井

（2）斜井开拓。斜井开拓根据斜井倾角不同，采用不同的提运矿石设备。当斜井的倾角大于30°时，采用箕斗或台车提升矿石；当斜井的倾角为18°~30°时，采用串车提升；当斜井的倾角小于18°时，一般采用皮带运输机运矿。斜井可以沿矿体倾斜方向布置在脉内或下盘岩石内（见图2-10）。

（3）竖井开拓。竖井开拓一般设置一个主提升水平，主提升水平以上的各个阶段所采出的矿石，通过溜井或提升设备下放到主提升水平矿仓，再通过罐笼或箕斗提升至地表（见图2-11）。

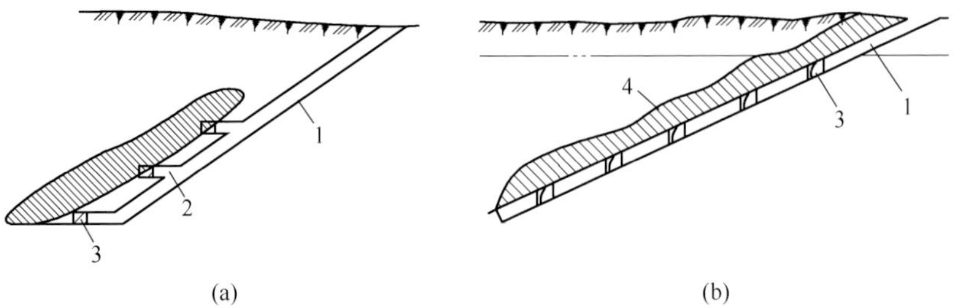

图 2-10　斜井开拓法

（a）下盘斜井开拓法；（b）脉内斜井开拓法

1—斜井；2—斜井与水平运输巷道联结工程；3—水平运输巷道；4—矿体

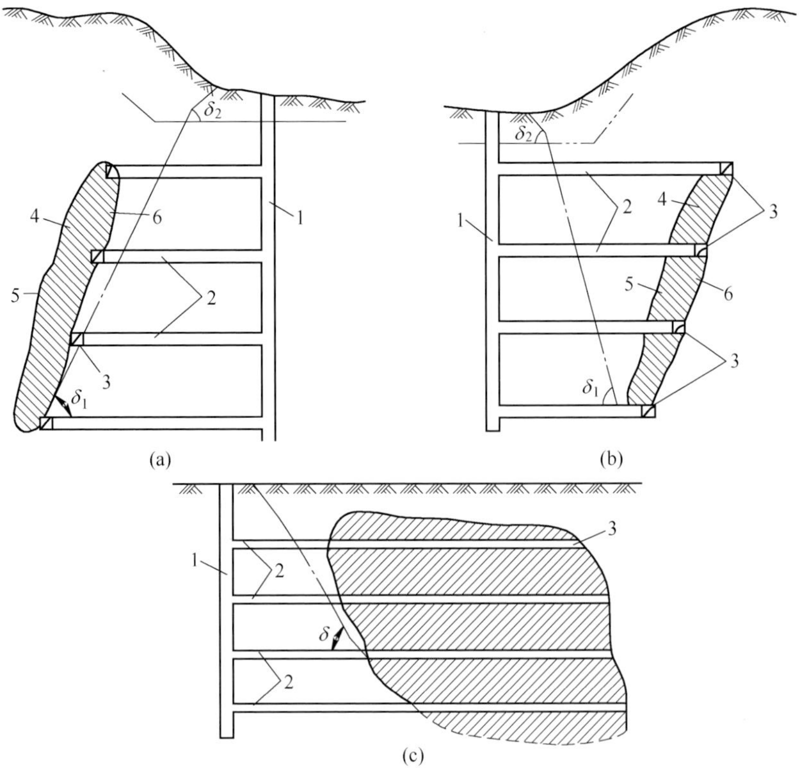

图 2-11　竖井开拓法

（a）下盘竖井开拓法；（b）上盘竖井开拓法；（c）侧翼竖井开拓法

1—竖井；2—石门；3—平卷；4—矿体；5—上盘；6—下盘

（4）斜坡道开拓。随着无轨设备在地下矿山的大量使用，斜坡道在许多大中型矿山成为一种主要的开拓巷道。根据运输路线，斜坡道分为螺旋式和折返式（见图2-12）。

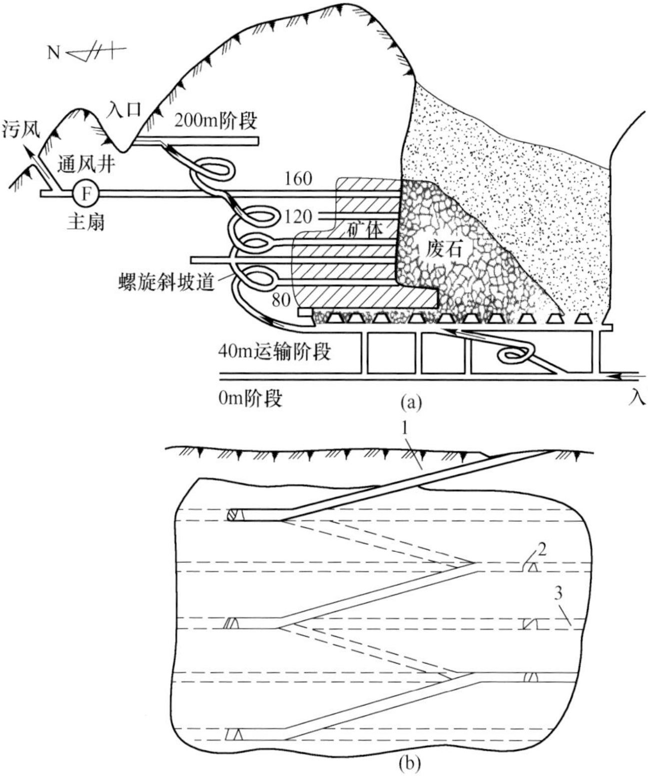

图2-12　斜坡道开拓法

（a）螺旋式斜坡道开拓法；（b）折返式斜坡道开拓法

2.3.3.2　联合开拓法

联合开拓法是指使用两种以上主要开拓巷道组合起来开拓一个或几个矿体，典型的联合开拓法有平硐与竖井或斜井联合开拓、明井与盲井联合开拓法等，具体分类见表2-4。

（1）平硐与盲竖井（斜井）的联合开拓。矿体上部赋存在当地山麓以上，下部延伸到山麓以下，则上部用平硐开拓，下部用井筒开拓（见图2-13）。

表 2-4　联合开拓方法分类表

开拓方法分类		主要开拓巷道类型
联合开拓法	平硐与井筒联合开拓法	矿床上部平硐，下部盲竖井
		矿床上部平硐，下部盲斜井
	明井与盲井联合开拓法	矿床上部斜井，下部盲斜井
		矿床上部斜井，下部盲竖井
		矿床上部竖井，下部盲竖井
		矿床上部竖井，下部盲斜井

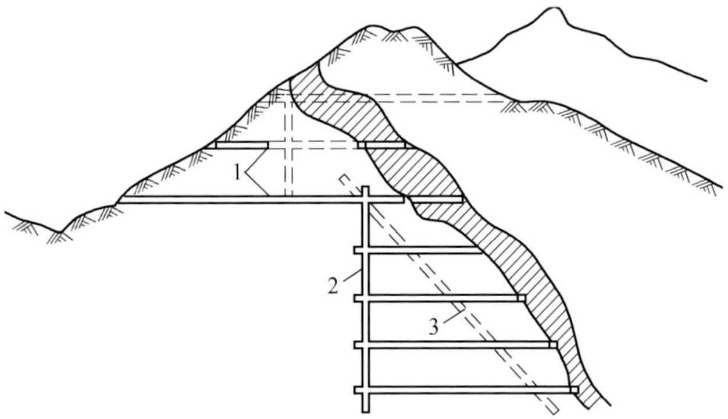

图 2-13　平硐与盲竖井（斜井）的联合开拓

1—平硐；2—盲竖井；3—盲斜井

（2）斜井与盲斜井的联合开拓。开采缓倾斜矿体，一般采用斜井开拓，如果矿体倾斜延伸很长，则采用斜井与盲斜井联合开拓（见图 2-14）。

（3）斜井（竖井）与盲竖井的开拓，见图 2-15。

（4）竖井与盲斜井联合开拓，见图 2-16。

2.3.4　井底车场

井底车场是连接矿井主要提升井筒和井下主要运输和通风巷道的若干巷道和硐室的总称。它联系着井筒提升和井下运输两大生产环节，是井下运输的总枢纽站，如图 2-17 所示。根据矿车在车场内运行的特点，井底车场可分为环行式和折返式两大类。

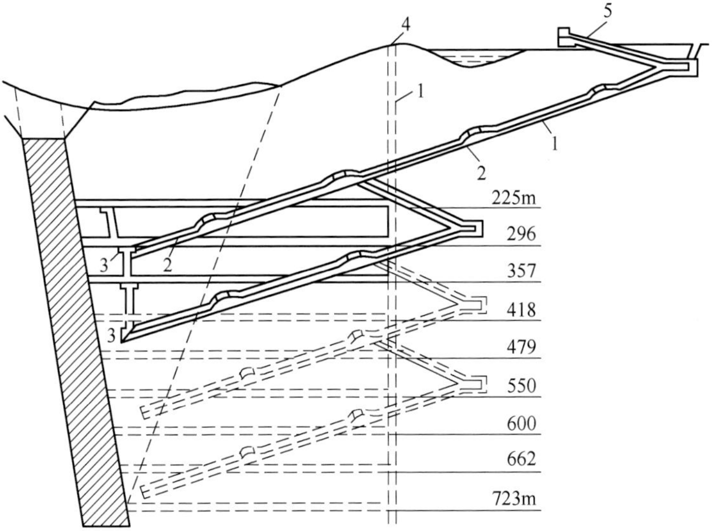

图 2-14 斜井与盲斜井联合开拓

1—斜井；2—皮带运输机；3—地下破碎装载机组硐室；
4—辅助竖井；5—皮带走廊

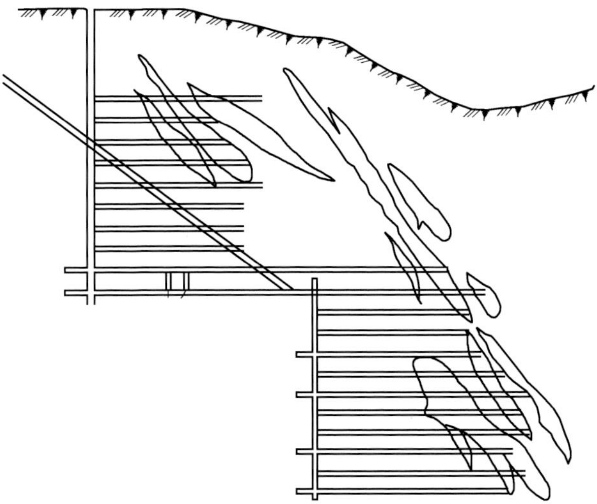

图 2-15 斜井（竖井）与盲竖井的开拓

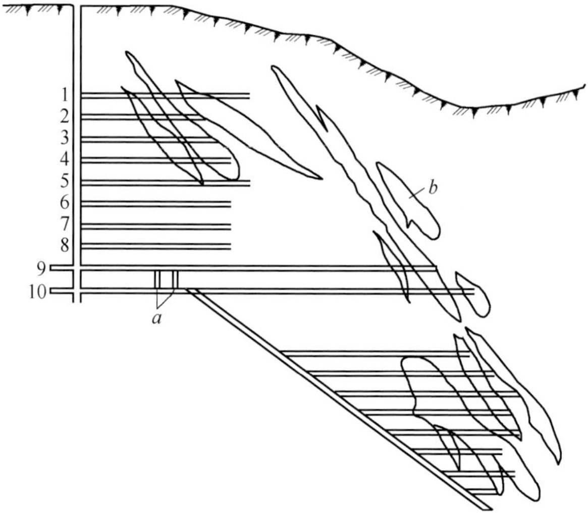

图 2-16　竖井与盲斜井联合开拓

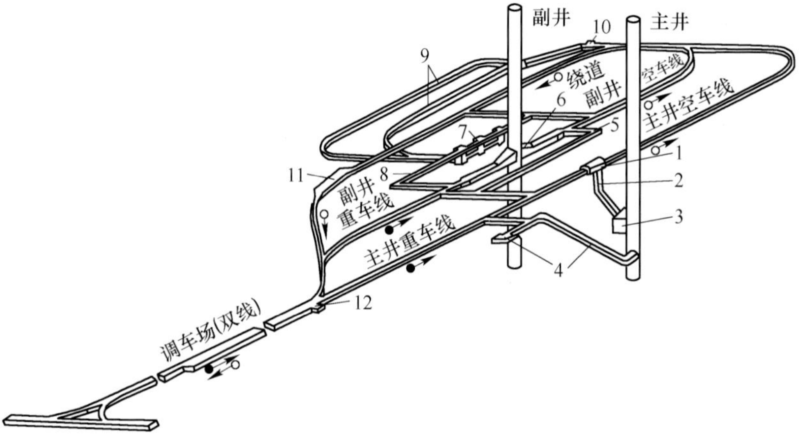

图 2-17　井底车场

1—翻笼硐室；2—溜井；3—箕斗装载硐室；4—回收洒落碎矿的小斜井；
5—候罐室；6—马头门；7—水泵房；8—变电整流站；9—水仓；
10—清淤绞车硐室；11—机车修理库；12—调度室

2.4 凿岩爆破

凿岩爆破又称钻孔爆破或打孔放炮，就是用机械或人工的方法，对矿体或岩石钻凿炮孔、装填炸药实施爆破作业，利用在炮孔内装入的炸药瞬间释放出巨大能量破碎矿石和岩石。

2.4.1 凿岩

凿岩是指用凿岩机具在岩石中凿成炮孔。常用凿岩设备有凿岩机、凿岩台车和潜孔钻机，如图 2-18 所示。

2.4.2 爆破

爆破是指利用在炮孔内装入的炸药瞬间释放出巨大能量破碎矿石和岩石。

2.4.2.1 炸药

炸药按照组成成分，可分为单质炸药和混合炸药。工业炸药一般用混合炸药，常用的有硝铵类炸药和含水炸药。

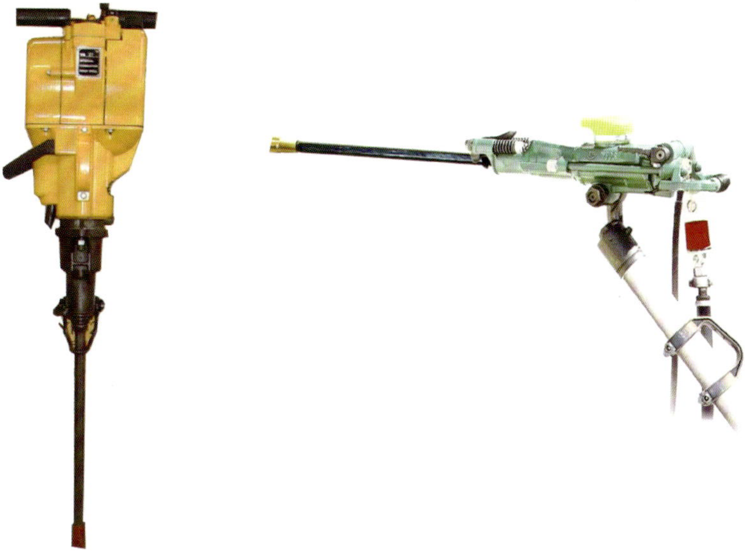

(a) (b)

(c)

(d)

(e)

(f)

图 2-18　常用凿岩设备

(a) 手持式凿岩机；(b) 气动式凿岩机；(c) 向上式凿岩机；
(d) 导轨式凿岩机；(e) 中深孔凿岩台车；(f) 地下潜孔钻机

(1) 硝铵类炸药。硝铵类炸药是以硝酸铵为主要成分的混合炸药，主要有铵梯炸药和铵油炸药。硝酸铵的原料来源丰富、价格低廉、安全性好。

(2) 含水炸药。含水炸药主要有浆状炸药、水胶炸药、乳化炸药三种类型。

2.4.2.2 常用起爆器材

雷管是工程爆破的主要起爆器材，有火雷管、电雷管、导爆管雷管等。常用的起爆器材还有导爆索、导火索、导爆管、继爆管和起爆药柱（起爆弹）等。

根据使用的起爆器材的不同，炸药的起爆方法可分为火雷管起爆法、电雷管起爆法、导爆索起爆法和非电导爆管雷管起爆法。

常用的爆破材料及设备见图 2-19。

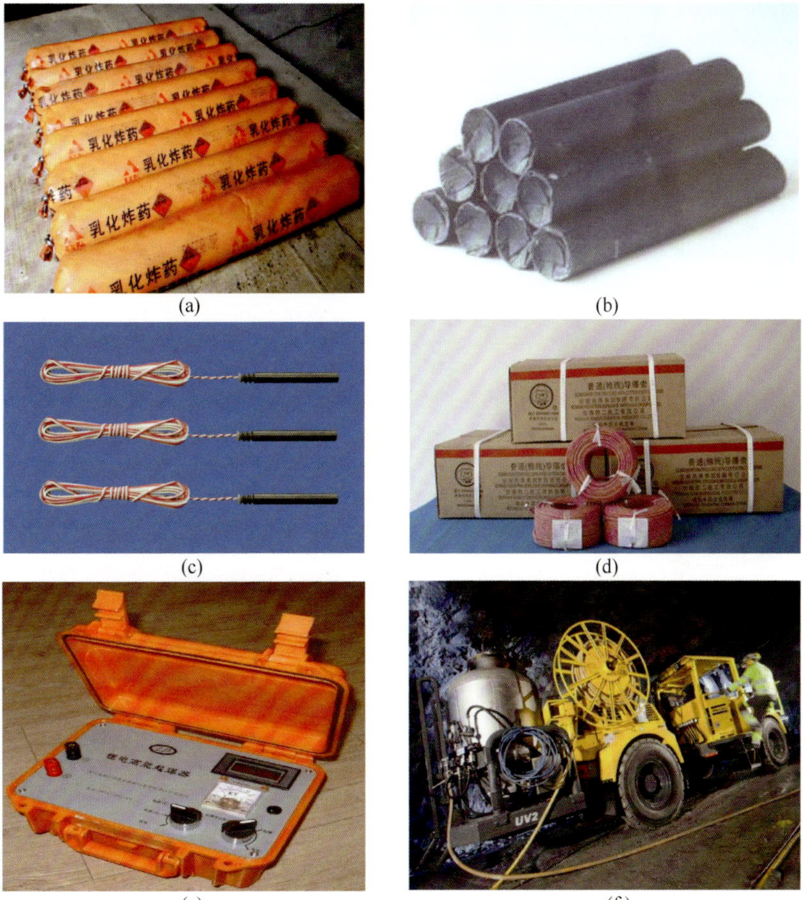

(a) (b) (c) (d) (e) (f)

图 2-19 常用的爆破材料及设备

(a) 乳化炸药；(b) 硝铵炸药；(c) 电雷管；(d) 导爆索；(e) 起爆器；(f) 井下装药台车

2.4.3 矿石运搬

矿石运搬是指将回采崩落的矿石，从工作面搬运到运输水平的过程。矿石运搬的方法有重力运搬、机械运搬和爆力运搬等。运搬工作仅仅限于矿块（采场）内，采场之外的叫运输。

2.4.3.1　破碎

破碎也称矿石二次破碎，主要是指回采落矿后所产生的不合格大块（超过放矿和运输条件的最大允许块度的矿石块），在矿石运搬过程中所进行的破碎作业。

2.4.3.2　装矿

装矿是指将矿石装入矿车的作业。常用的出矿设备有电耙、输送机、装载机、铲运机和振动放矿机等，见图 2-20。

常用的装矿方式是从放矿溜井通过漏口闸门或振动出矿机，有时电耙运搬通过撞车平台（缓倾斜矿体或电耙巷道直接位于运输巷道顶板）装车，极少数情况可从放矿巷道底板用装载机将矿石装入矿车。装矿对放矿效率和运输工作都有很大影响。

(a)

(b)

(c)

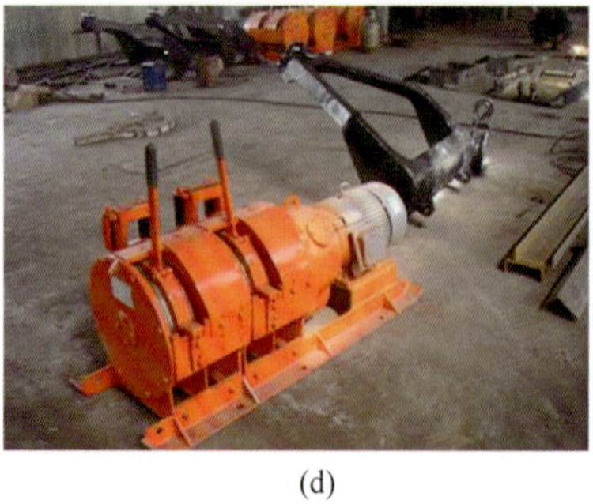

(d)

(e)

(f)

图 2-20 常用装矿设备
(a) 铲运机；(b) 装岩机；(c) 扒渣机；(d) 耙矿绞车；(e) 电耙子；(f) 振动放矿机

2.4.3.3 重力运搬

重力运搬是指回采崩落的矿石在重力的作用下，沿采场溜至矿块底部放矿巷道，直到进入运输巷道的过程。

2.4.3.4 机械运搬

机械运搬根据运搬矿石的设备又分为电耙运搬、振动给矿机和输送机运搬与自行设备运搬。

2.4.3.5 爆力运搬

爆力运搬是指利用深孔爆破时产生的动能，使崩下的矿石沿采场底板移运抛到受矿巷道中。

2.5 井下生产系统

井下生产系统主要包括提升运输、通风、排水排泥、压气、充填等。

2.5.1 提升运输

提升与运输是矿山生产的重要环节，其主要任务是将采掘工作面采下的矿石运到地表选厂或贮矿场，将掘进废石运到地表废石堆场，以及运送材料、设备、人员等。

2.5.1.1 提升

提升是指井筒中的运输工作，是全矿运输系统中的重要环节。矿井提升设备包括提升机、提升容器、提升钢丝绳、井架、天轮及装卸设备等。常用的提升设备如图 2-21 所示。

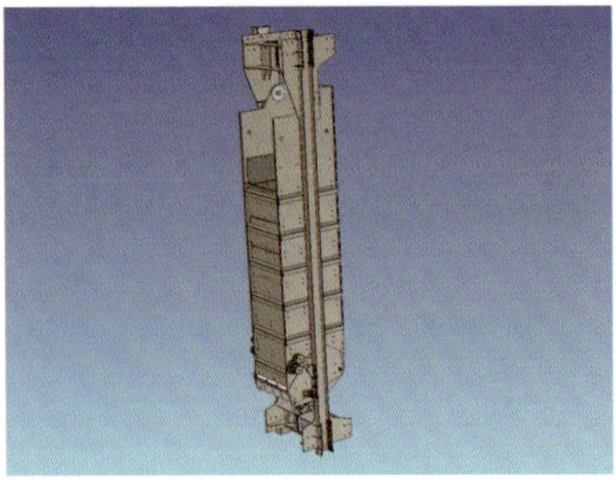

(a)

(b)

(c)

图 2-21　常用的提升设备

（a）箕斗；（b）罐笼；（c）提升机

2.5.1.2　运输

运输是指回采工作面采下的矿石要通过井下运输设备运送到井筒的装矿溜井，经提升设备提升至地表，再由地面运输设备运送至选矿厂或直接外运出售。主要方式有轨道运输、汽车运输、胶带运输机运输和架空索道运输等，相应的设备如图 2-22 所示。

2.5.2　井下通风

井下通风的作用是将地面新鲜空气送入井下，并将井下污浊空气排出地表，调节井下温度和湿度，创造舒适的劳动条件，保证井下工作人员的健康与安全。

通风方式主要有抽出式、压入式和混合式，见图 2-23。

图 2-22 常用运输设备

（a）轨道运输；（b）汽车运输；（c）胶带运输机运输；（d）架空索道运输

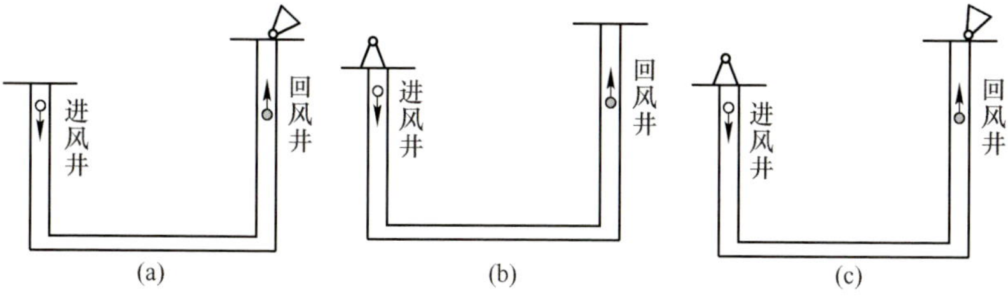

图 2-23 主要通风方式

（a）抽出式通风；（b）压入式通风；（c）混合式通风

通风系统是指风流所流经的通风线路及设施（包括通风设备）。按进风井和出（回）风井的相对位置，通风系统分为中央式和对角式，见图 2-24。

2.5.3 排水排泥

矿井排水方式有自流式和扬升式两种。自流式排水是使坑内水自

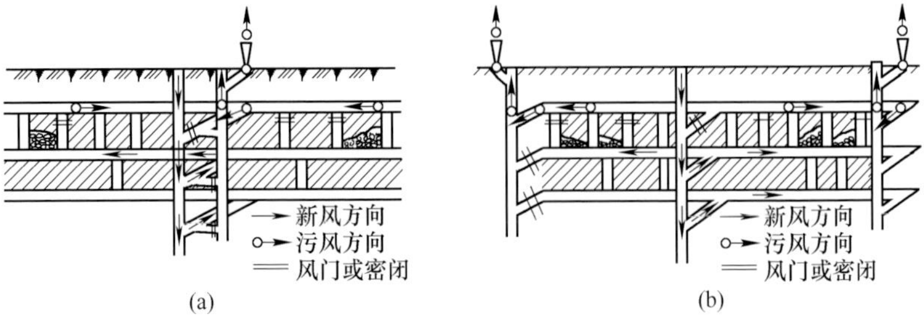

图 2-24　主要通风系统

（a）中央式通风系统；（b）对角式通风系统

行流到地面，但只适用于平硐开拓的矿山；扬升式排水是借助排水设备，将水扬至地面。采用井筒开拓的矿山，都必须采用扬升式排水。

泥沙量大的矿山，还需要定期对水仓沉淀物进行清理和排出，常用的清仓排泥方式包括：压气罐清仓串联排泥、压气罐配密闭泥仓高压水排泥、喷射泵清仓泥浆泵排泥和油隔离泵清仓排泥等。

排水系统主要有直接排水、接力排水、集中排水三种布置系统。

2.5.4　压气

2.5.4.1　压气供应

矿山设备多以压缩空气为动力，其中包括井下的凿岩、装岩、装药、放矿闸门、小绞车、锻钎机、碎石机、喷浆机等机械和部分无轨设备。

矿山压缩空气通常在地面空压站生产，通过管道输送到工作地点。

2.5.4.2　压气设备

压气设备主要由空压机、拖动装置、辅助设备和输气管网组成。

2.5.5　充填

充填是采用充填类采矿法生产矿山的一个主要生产工序，涉及充填材料选择、充填混合料配比优化、充填料浆制备及输送、采场充填、充填质量保证等多个环节。

2.5.5.1　充填方式

根据充填料和充填料输送方式的不同，充填方式分为干式充填、水砂充填和胶结充填三大类。

（1）干式充填。干式充填是将生产中产生的废石等干充填料，利用运输设备运至待充填地点进行充填的工艺。

（2）水砂充填。水砂充填是将充填骨料加水制成质量浓度较低的砂浆，利用管道、溜槽、钻孔等自流输送到待充填地点进行充填的工艺。在水砂充填中，水仅仅作为输送物料的载体，充入采空区后，充填料留在采空区，水渗滤出去。

（3）胶结充填。胶结充填是将胶凝材料（一般为水泥）、骨料、水混合形成浓度较高的浆体，通过钻孔或管道，自流或加压输送到待充填地点进行充填的工艺。充入采场的水泥砂浆经过一定时间养护后，成为固化体控制地压。在胶结充填中，水是输送物料的载体，除一部分参与水泥水化反应之外，多余的水分通过脱滤水设施渗滤出去。

2.5.5.2 充填材料

充填材料包括胶凝材料、骨料、水、添加剂等。

骨料包括山砂、河砂、戈壁集料、棒磨砂、分级尾砂、全尾砂、废石等自然砂、机制砂和工业固体废弃物。

胶凝材料包括普通硅酸盐水泥、炉渣、粉煤灰等。

2.5.6 安全

矿山安全是指矿山生产过程中人身、设备和设施免受外界因素危害的存在状态及其保障条件。

2.5.6.1 矿山安全避险六大系统

矿山安全避险六大系统包括：监测监控系统、井下人员定位系统、紧急避险系统、压风自救系统、供水施救系统和通信联络系统。

2.5.6.2 保安矿柱

当受具体条件限制，井筒、构筑物和建筑物需布置在地表移动带以内时，必须留足够的矿柱加以保护，此矿柱称为保安矿柱。保安矿柱只有在矿井结束阶段才可能回采，而且回采时安全条件差，矿石损失大，劳动生产率低，甚至无法回采，而成为永久损失。

2.5.6.3 安全标志

我国通用的矿山安全标志按其使用功能可分为五类（禁止标志，警告标志，指令标志，路标、铭牌、提示标志，指导标志），共60种。

（1）禁止标志。禁止或制止人们某种行为的标志，见图2-25。

禁带烟火
禁止酒后入井
禁止明火
禁止启动
禁止合闸
禁止扒乘矿车
禁止扒、登、跳、人车
禁止车间乘人
禁止登钩
禁止跨、乘输送带
禁止攀牵线缆
禁止人料同罐
禁止入内
禁止通行
禁止停车
禁止打手机
禁止驶入
禁止穿化纤服装入井
禁止放明炮、糊炮
禁止井下睡觉
禁止同时打开两道风门
禁止井下随意拆卸、敲打、撞击矿灯

图 2-25 禁止标志

（2）警告标志。警告人们可能发生某种危险的标志，见图2-26。

图 2-26 警告标志

（3）指令标志。指示人们必须遵守某种规定的标志，见图 2-27。

图 2-27　指令标志

（4）路标、铭牌、提示标志。告诉人们目标、方向、地点的标志，见图 2-28。

（5）指导标志。提高人们思想意识的标志，有两种，见图 2-29。

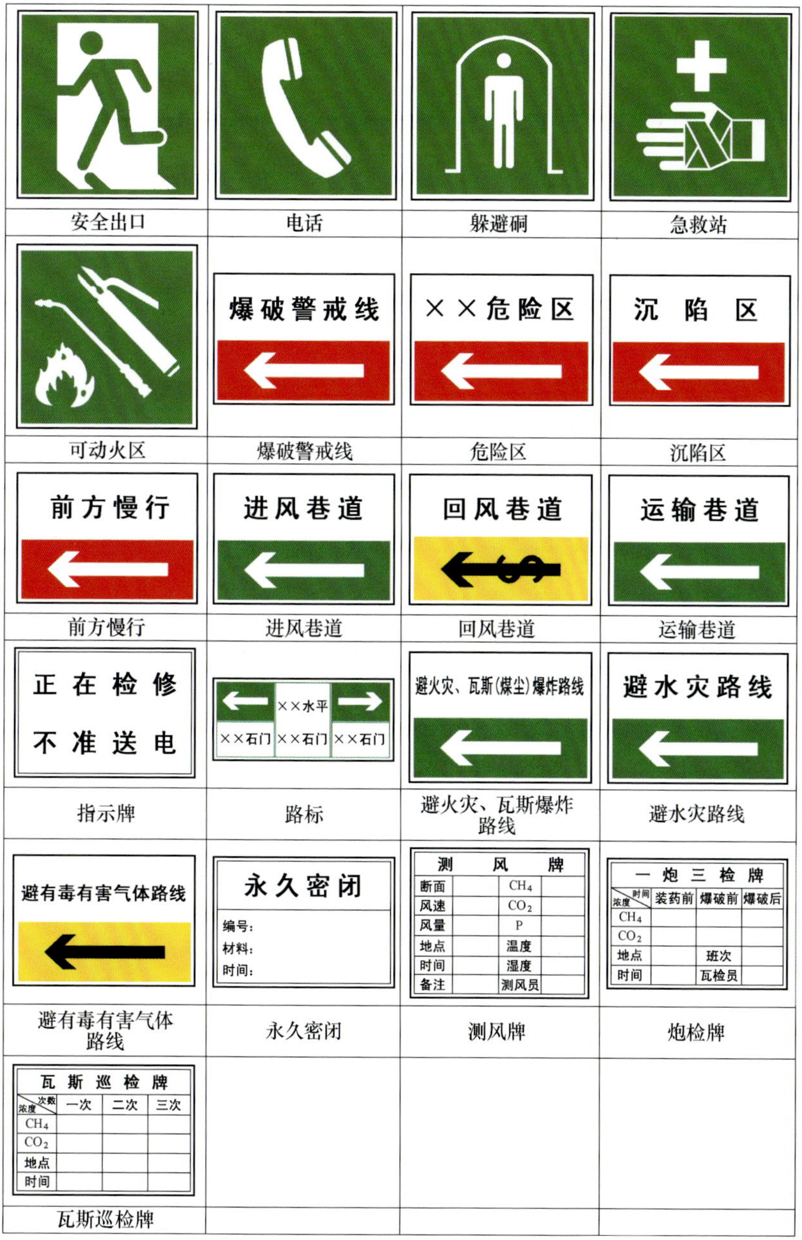

图 2-28 路标、铭牌、提示标志

安全生产指导标志	劳动卫生指导标志

图 2-29 指导标志

2.6 采矿方法

2.6.1 概述

2.6.1.1 地压管理

地压是指矿石采出来以后，在地下形成采空区，经过一段时间后，矿柱和上、下盘围岩就发生变形、破坏、崩落等现象。

在回采过程中，必须要控制地压和管理地压，并且要清除地压产生的不良影响，以保证生产的安全性，这些工作即为地压管理工作，主要方法有留矿柱支撑采空区、用充填料充填采空区和用崩落的围岩来管理地压等。

2.6.1.2 采矿方法

采矿方法是研究矿块的开采方法，是采准、切割、回采工作的总称。按照回采时地压管理方法不同，可分为空场法、充填法和崩落法。

2.6.1.3 采掘比

采掘比是指地下开采的矿山，每采一千吨矿石所做的掘进工作量，是反映采矿与掘进作业比例关系的指标。

2.6.1.4 采切比

矿山每采出一千吨矿石所需分摊的采准工程量与切割工程量称千吨采切比。

2.6.2 采矿方法分类

根据特点及适应范围，常见的采矿方法如表2-5所示。

表2-5 采矿方法分类

采矿方法	组别	特点及适应范围
空场法	全面采矿法	矿柱作永久损失，不回采。薄至中厚的矿石和围岩均稳固、缓倾斜矿体
	房柱采矿法	矿房和矿柱交替布置，矿柱连续或间断布置，一般不回采。薄、厚和极厚矿体，矿石和围岩均稳固的水平和缓倾斜矿体
	留矿采矿法	在留矿堆上面作业，自下而上分层回采。矿石和围岩稳固，矿石无自燃性，破碎后不易再结块的急倾斜矿体
	分段采矿法	按矿块的垂直方向再划分为若干分段。布置灵活性大，适用于倾斜和急倾斜的中厚至厚矿体，回采时间较短，围岩稳固性要求稍低
	阶段采矿法	采用深孔回采矿房。用于倾斜和急倾斜的中厚以上矿体
崩落法	单层崩落法	采用浅孔落矿，一次崩落矿量小，工作空间需要支护。顶板岩石不稳固，厚度小于3m的缓倾斜矿体
	分层崩落法	由上向下回采矿块，每个分层矿石采出之后，上面覆盖的崩落岩石下移充填采空区
	分段崩落法	按分段逐个进行回采的采矿方法
	阶段崩落法	回采高度等于阶段全高，在崩落覆岩下放出
充填法	单层充填采矿法	矿块倾斜全称的壁式回采面沿走向方向，一次按矿体全厚回采，用水力或胶结充填。缓倾斜薄矿体
	分层充填采矿法	先采矿房再采矿柱，最后一层矿房回采后进行接顶充填，矿柱在采完若干矿房或全阶段采完后进行回采
	分采充填采矿法	矿脉厚度较小，致使采空区不能达到允许工作最小高度时，必须分别回采矿石和围岩，矿石运出采场，围岩充填采空区
	支架充填采矿法	用方框支架配合充填支护采空区。矿体厚度较大或形态极其复杂，矿石和围岩极不稳固

2.6.2.1　空场法

空场法是将矿块划分为矿房和矿柱，分两步骤开采，先采矿房，再采矿柱。常见矿产空场法应用指标见表 2-6。

表 2-6　常见矿产空场法应用指标

矿种	采区数/处	采区占比/%	平均回采率/%	矿种	采区数/处	采区占比/%	平均回采率/%
铁矿	1052	77.81	83.3	钨矿	92	88.46	87.84
锰矿	89	57.42	85.5	锡矿	30	66.67	89.5
铜矿	204	70.59	86.27	锑矿	26	65.00	84.64
铅矿	190	78.19	86.38	钼矿	36	73.47	92.62
锌矿	251	82.84	87.16	金矿	370	60.56	90.12
铝土矿	15	78.95	78.83	磷矿	109	85.16	76.09
镍矿	17	51.52	84.02	硫铁矿	55	76.39	87.6

2.6.2.2　充填法

充填法是利用充填物料将回采过程中形成的采空区进行充填，以限制顶板岩层移动和地表沉降，即用充填的方式管理地压。该类采矿方法安全性及资源回收率高，且有利于环境保护，应用比重越来越大。常见矿产充填法应用指标见表 2-7。

表 2-7　常见矿产充填法应用指标

矿种	采区数/处	采区占比/%	平均回采率/%	矿种	采区数/处	采区占比/%	平均回采率/%
铁矿	75.00	5.55	86.83	钨矿	4.00	3.85	84.66
锰矿	55.00	35.48	84.96	锡矿	6.00	13.33	92.31
铜矿	40.00	13.84	90.28	锑矿	9.00	22.50	93.85
铅矿	23.00	9.47	91.01	钼矿	5.00	10.20	92.65
锌矿	20.00	6.60	93.87	金矿	202.00	33.06	93.46
铝土矿	0.00	0.00	—	磷矿	6.00	4.69	77.38
镍矿	8.00	24.24	94.97	硫铁矿	5.00	6.94	91.10

2.6.2.3　崩落法

崩落采矿法是以崩落围岩来实现地压管理的采矿方法，即随着崩落矿石，强制（或自然）崩落围岩充填采空区，以控制和管理地压。常见矿产崩落法应用指标见表 2-8。

表 2-8 常见矿产崩落法应用指标

矿种	采区数/处	采区占比/%	平均回采率/%	矿种	采区数/处	采区占比/%	平均回采率/%
铁矿	225	16.64	83.13	钨矿	8	7.69	93.39
锰矿	11	7.10	86.7	锡矿	9	20.00	87.92
铜矿	45	15.57	79.38	锑矿	5	12.50	81.86
铅矿	30	12.35	88.04	钼矿	8	16.33	87.83
锌矿	32	10.56	86.44	金矿	39	6.38	87.96
铝土矿	4	21.05	89.5	磷矿	13	10.16	61.86
镍矿	8	24.24	87.24	硫铁矿	12	16.67	82.06

注：表 2-6~表 2-8 中数据来自“全国重要矿山‘三率’综合调查与评价”数据库。

2.7 井工煤矿

煤矿的井田开拓和采煤方式与其他矿产地下采矿类似，但有其特点。

2.7.1 井田开拓

井田开拓是指在井田范围内，从地面向地下开掘一系列巷道进入煤体，建立矿井提升、运输、通风、排水和动力供应等生产系统。

井田开拓通常按井筒（硐）形式可分为立井开拓、斜井开拓、平硐开拓、综合开拓四种形式。综合开拓从井筒（硐）形式组合上可分为斜井-立井、平硐-斜井、平硐-立井及平硐-斜井-立井四种类型。

2.7.2 采煤方法

2.7.2.1 采煤工艺

采煤工艺是指采煤工作面内按照一定顺序完成各项工序的方法及其配合。

采煤方法可分为放炮落煤采煤法、普通机械化采煤法、综合机械化采煤法。

（1）放炮落煤采煤法。放炮落煤采煤法也称炮采，是指在长壁工作面用爆破方法落煤、人工装煤、输送机运煤和单体支柱支护的采煤工艺系统。

（2）普通机械化采煤法。普通机械化采煤法也称普采，是指用机械方法破煤、装煤、输送机运煤、单体支柱和铰接顶梁支护的采煤工艺系统。将煤层用巷道分割成宽 100～200m、长 1000～2000m 不等的长方体，在宽边布置工作面采煤，见图 2-30。

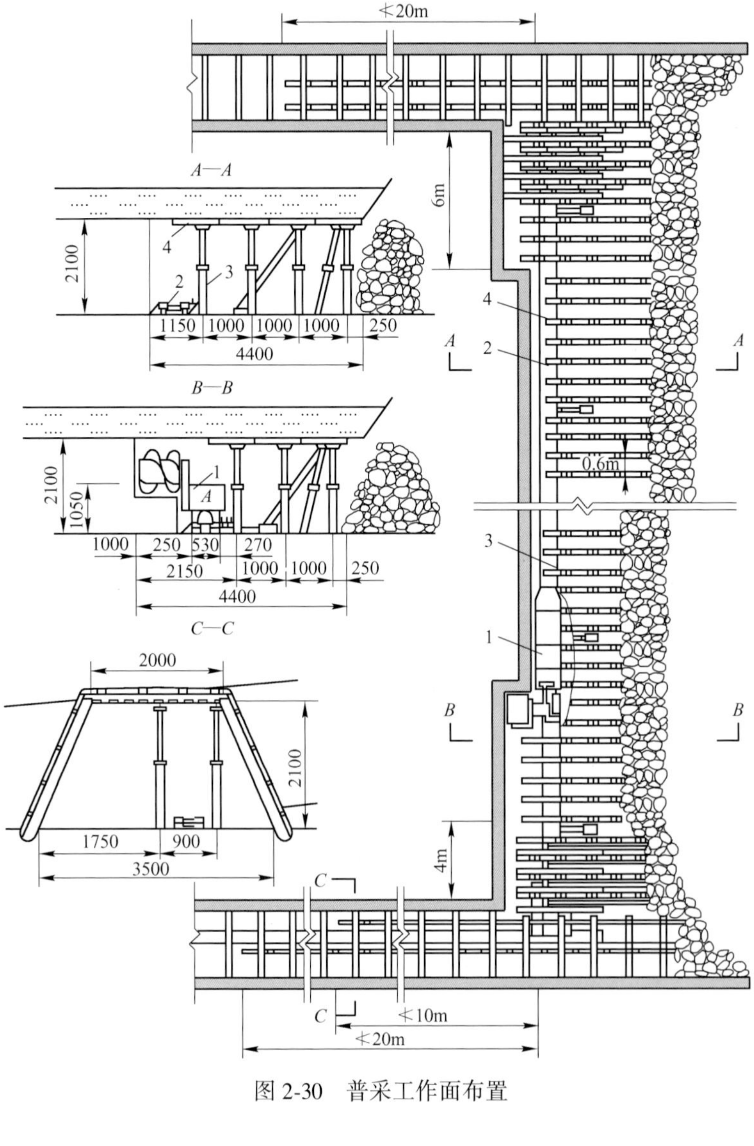

图 2-30　普采工作面布置

（3）综合机械化采煤法。综合机械化采煤法也称综采，是指用机械破煤、装煤、运煤、液压支架支护的采煤工艺系统。

2.7.2.2　采煤方法

采煤方法是指采煤工艺与回采巷道布置及其在时间和空间上的相互配合。按采煤工艺、回采巷道布置的不同特点，采煤方法可分为壁式体系与柱式体系两大类。壁式体系如图 2-31 所示（以单一长壁垮落采煤法为例），柱式体系如图 2-32 所示。

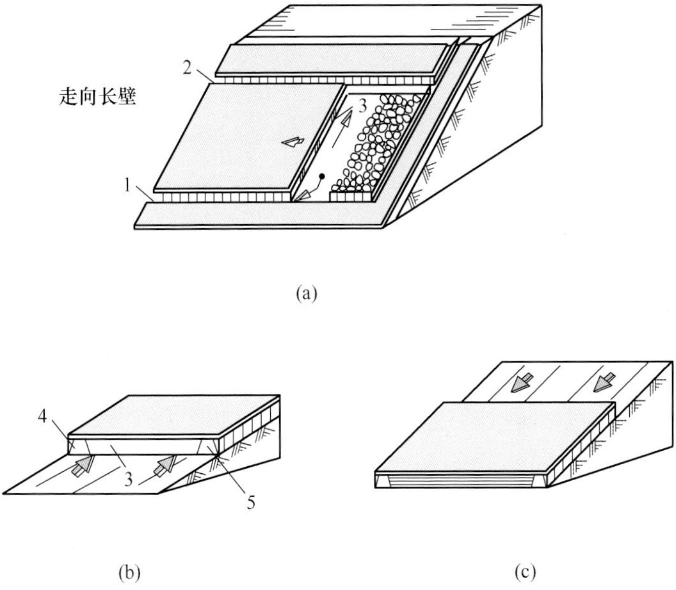

图 2-31　单一长壁垮落采煤法

（a）倾斜长壁；（b）仰斜；（c）俯斜

1，2—区段运输和回风平巷；3—采煤工作面；4，5—分带运输和回风斜巷

根据煤层赋存条件及开采技术不同，分层采煤法可分为倾斜分层、水平分层和斜切分层三种，见图 2-33。前一种用于缓斜、倾斜厚煤层，后两种主要用于急倾斜厚煤层。

我国常用采煤方法分类见图 2-34。

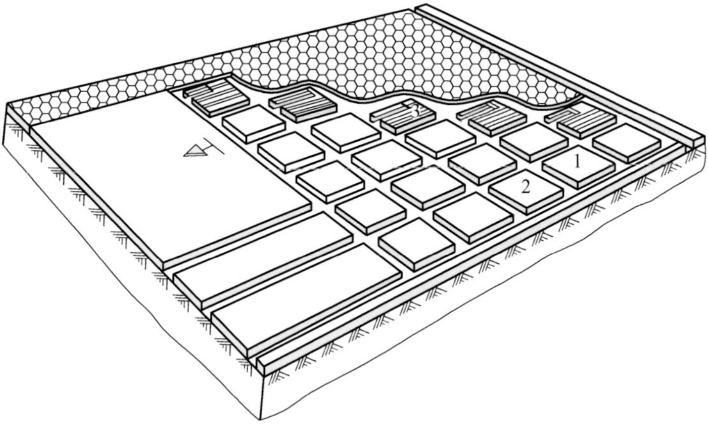

图 2-32　房柱式采煤法示意图

1—房；2—煤柱；3—采柱

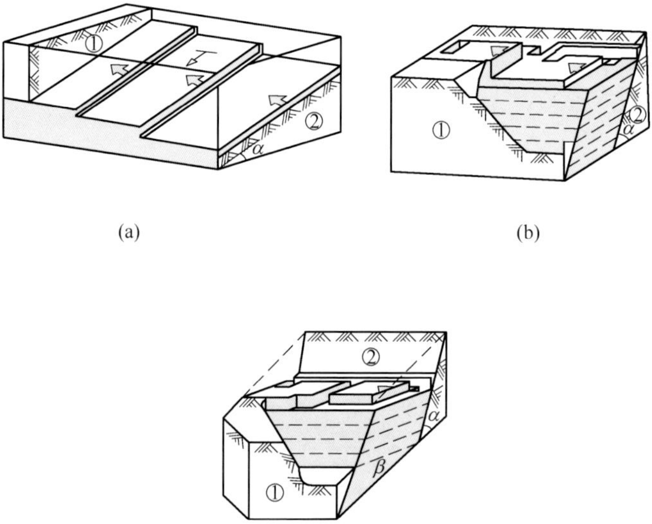

图 2-33　厚煤层开采分层方法

（a）倾斜分层；（b）水平分层；（c）斜切分层

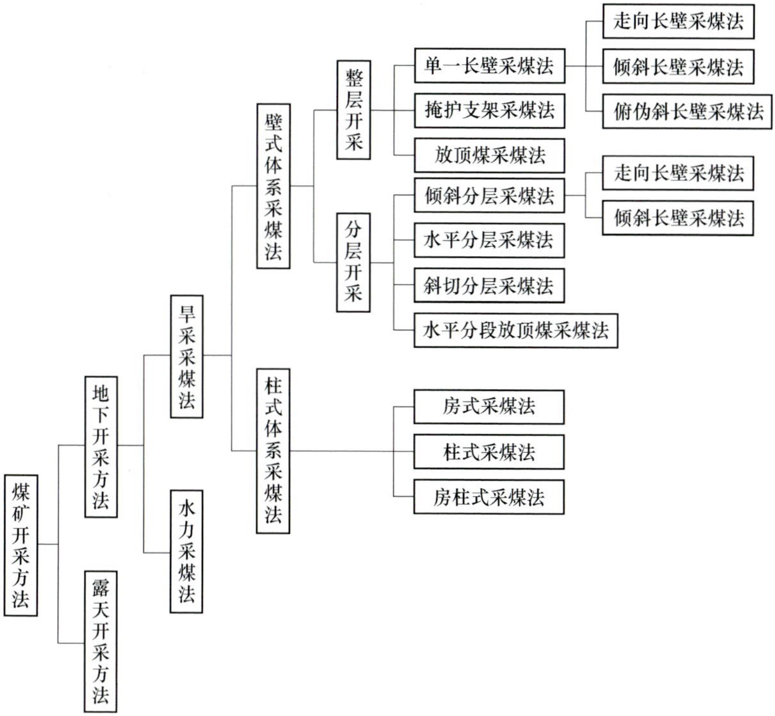

图 2-34 采煤方法分类

2.7.2.3 常见的采煤设备

常见的采煤设备见图 2-35。

(a) (b)

图 2-35 常见的采煤设备

（a）采煤机；（b）连采机

3 露天开采

3.1 概述

露天开采是把矿体上部的覆盖岩石和两盘的围岩剥去，使矿体暴露在地表进行开采的方法。根据矿床的埋藏条件，以露天矿场的封闭为界，可分为山坡露天矿场和凹陷露天矿场。

3.1.1 露天开采优点

（1）受开采空间限制小，可采用大型机械设备，有利于实现自动化生产，从而可大大提高开采强度和矿石产量；

（2）资源回收率高，矿石损失贫化较低；

（3）劳动生产率高，为地下开采的 5～10 倍；

（4）生产成本低，为地下开采的 1/4～1/3；

（5）开采条件好，作业比较安全；

（6）建设速度快，单位矿石基建投资较低；

（7）矿山生产能力大，特大型露天矿的年产矿石量达 3000～5000 万吨，采剥总量达 1～3 亿吨；

（8）机械化程度高，受开采空间限制小，易于实现机械化和设备大型化；

（9）安全和劳动条件好，不易受有害气体与顶板塌方等灾害的威胁；

（10）矿石损失贫化小，损失率和贫化率不超过 3%～5%。

3.1.2 露天开采缺点

（1）对矿床埋藏条件要求较高，合理的开采深度较浅；

（2）占用土地多，矿坑以及排弃的大量剥离物均要占用大片土地，一个露天开采的矿区占用的土地可达几十平方公里；

(3) 受气候条件影响大，暴雨、大风、严寒、酷热等对露天开采均有一定影响；

(4) 破坏环境，穿爆、采装、运输、排卸等作业粉尘较大，污染大气、水域和土壤，破坏生态环境。

3.1.3 基本概念

3.1.3.1 采场构成要素

(1) 工作帮。工作帮是指由正在进行采剥工作和将要进行采剥工作的台阶所组成的边帮。

(2) 非工作帮。非工作帮也称最终边帮，是指由已经结束采剥工作的台阶（平台、坡面和出入沟底）所组成的露天矿场的四周表面。

露天采场构成要素见图 3-1。

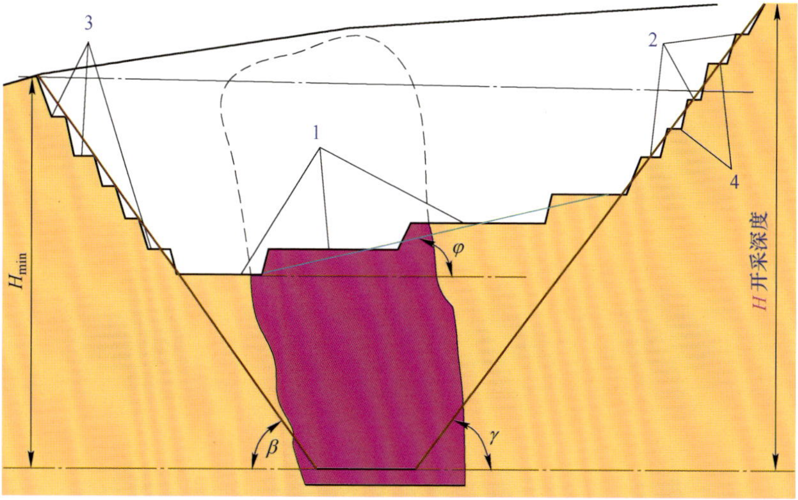

图 3-1　露天采场构成要素

1—工作平盘：工作帮上进行采剥作业的平台；2—安全平台：指露天矿最终边帮上保持边帮稳定和阻止滚石下落的平台；3—运输平台：指露天矿非工作帮上通过运输设备的平台；4—清扫平台：指露天矿最终边帮上用于阻截滚石并用清扫设备清扫岩石的平台；φ—工作帮坡面角，指工作帮坡面与水平面的夹角；β，γ—最终边坡角，指最终采场边帮上最上台阶的坡顶线与最下台阶的坡底线所形成的假想斜面与水平面的夹角

3.1.3.2　台阶构成要素

台阶是指将矿岩划分成一定厚度的水平分层，自上而下逐层开采，上下分层间保持一定的超前关系，从而形成阶梯状，每一个阶梯即为一个台阶。台阶构成要素见图 3-2。

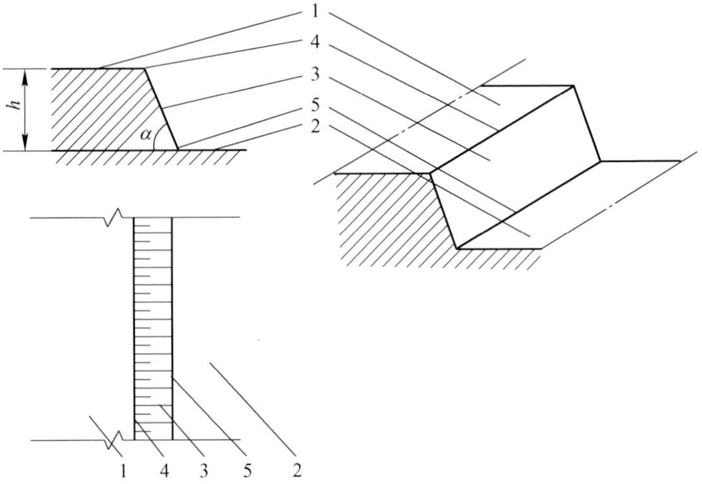

图 3-2　台阶构成要素

1—台阶上部平盘；2—台阶下部平盘；3—台阶坡面；4—台阶坡顶线；5—台阶坡底线；*h*—台阶高度；α—台阶坡面角

3.1.3.3　开采境界

开采境界是指露天矿开采终了时或某一时期所形成的空间轮廓，范围由地表境界、底部境界和四周边坡组成。

(1) 剥采比。剥采比是指每开采单位矿石量所需要剥离的岩石量。

$$n = \frac{V}{A}$$

式中　n——平均剥采比，m^3/m^3、m^3/t 或 t/t；

V——剥离岩石量，m^3 或 t；

A——采出矿石量，m^3 或 t。

1) 平均剥采比是指露天开采境界内岩石总量与矿石总量之比

值，如图 3-3（a）所示。

2）分层剥采比是指露天开采境界内某一水平分层的岩石量与矿石量之比，如图 3-3（b）所示。

3）生产剥采比是指露天矿某一时期内所剥离的岩石量与所采出的矿石量之比，如图 3-3（c）所示。

4）境界剥采比是指露天开采境界增加单位深度所引起的岩石增量与矿石增量之比，如图 3-3（d）所示。

5）经济合理剥采比是指在一定的技术经济条件下，经济上允许的最大剥采比，也称盈亏平衡剥采比。

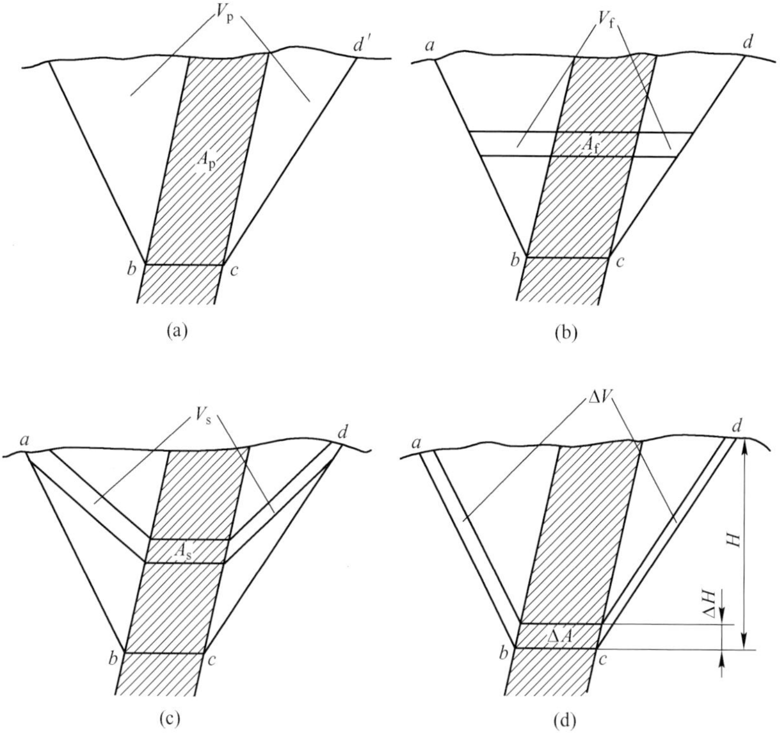

图 3-3　剥采比

（2）最终开采境界的确定方法。

1）确定露天矿采场最小底宽及位置；

2）选取露天矿采场最终边坡角；

3）确定开采深度。

3.1.3.4　采剥方法

采剥方法是指在露天采场内，通过露天开采工艺采出矿岩的方法。

（1）分区开采。把露天采场划分为若干个区段，按一定顺序进行的开采，即为分区开采。

（2）分期开采。露天矿在开采期间以开采深度或范围划分成不同的区段，按一定时间顺序进行的开采。

（3）按工作面推进方向，可分为以下四种：

1）倾斜分层采矿法是指沿缓倾斜矿层划分采矿法平台进行采矿与剥离作业的采矿方法。

2）走向推进采矿法是指采掘工作面沿矿层走向方向推进的采矿方法。

3）倾向推进采矿法是指采掘工作面沿矿层倾斜方向推进的采矿方法。

4）扇形推进采矿法是指采掘工作面呈扇形方向推进的采矿方法。

常见矿产露天开采应用指标见表 3-1。

表 3-1　常见矿产露天开采应用指标

矿种	矿山数/座	平均回采率/%	矿种	矿山数/处	平均回采率/%
铁矿	732	94.75	镍矿	4	94.76
锰矿	49	86.70	钨矿	2	95.28
铜矿	33	97.68	锡矿	8	93.59
铅矿	1	99.53	钼矿	16	97.10
锌矿	12	95.50	金矿	94	94.66
铝土矿	66	83.99	磷矿	47	95.47

3.2　露天开拓

露天开拓是指建立地表至露天采场内各工作面之间的矿岩开采运

输系统作业的总称。露天开拓方式主要包括公路运输开拓、铁路运输开拓、胶带运输开拓、平硐溜井开拓和联合开拓。

3.2.1 公路运输开拓

公路运输开拓是指以公路运输方式建立的从地表至采掘工作面的开采运输方式，是最常见的运输开拓方式。

3.2.2 铁路运输开拓

铁路运输开拓是指以铁路运输方式建立的从地表至采掘工作面的开采运输方式。

3.2.3 胶带运输开拓

胶带运输开拓是指以胶带输送机运输方式建立的从地表至露天坑内破碎站的开采运输方式。

3.2.4 平硐溜井开拓

平硐溜井方式是指以平酮溜井方式建立的从地表至采掘工作面的开采运输方式。

3.2.5 联合开拓

联合开拓是指以两种或两种以上不同的运输方式联合作为矿岩运输通道的开拓方式。常用的联合开拓方式有以下四种：

（1）铁路-公路联合（见图 3-4）。上部水平采用铁路运输，成本低、运量大；下部水平采用公路运输，机动灵活、加大生产能力。

（2）公路-破碎站-带式输送机运输开拓（见图 3-5）。深部矿岩通过汽车运输卸入破碎站，破碎后向带式输送机供料，由带式输送机提升至地表。

（3）公路（铁路）-箕斗联合运输开拓（见图 3-6）。采场内部需用汽车或铁路与之建立运输联系，形成以箕斗斜坡沟道为开拓中心环节，包括采场内部运输（多用汽车）、地面运输与转载等多环节的联合开拓运输系统。

图 3-4　铁路-公路联合运输

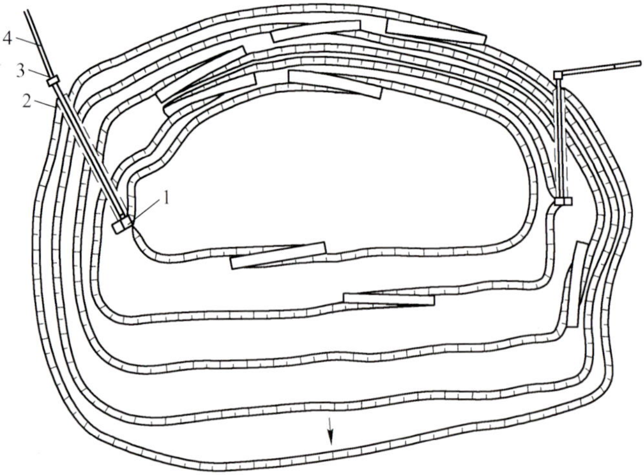

图 3-5　公路-破碎站-带式输送机联合运输开拓

1—破碎站；2—边帮带式输送机；3—带式输送机转载点；4—地面带式输送机

（4）公路（铁路）-平硐溜井联合运输开拓（见图 3-7）。采场矿岩通过汽车（或列车、铲运机）卸入采场溜井，通过溜井底部的放矿设施，向地面运输设备装载。

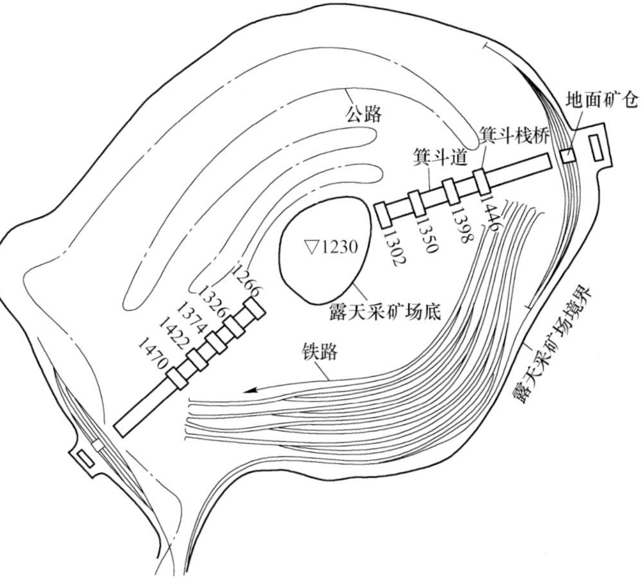

图 3-6 公路（铁路）-箕斗联合运输开拓

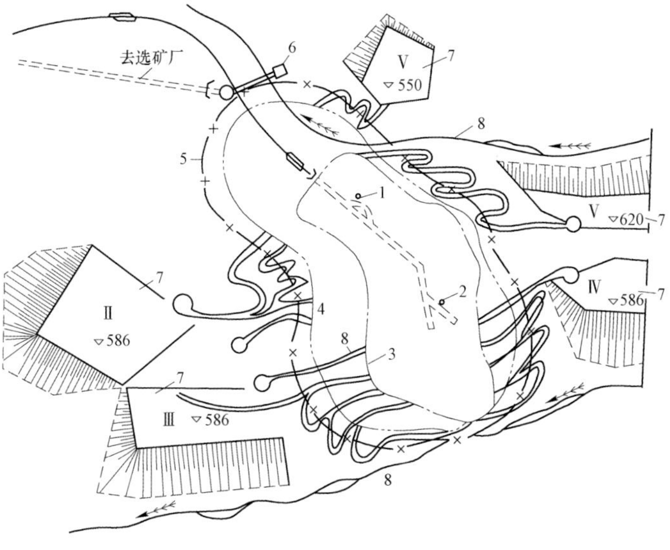

图 3-7 某铁矿平硐溜井开拓运输系统示意

1—北部溜井；2—南部溜井；3—190m 水平开采境界；4—20m 水平开采境界；5—爆破安全界限；6—粗碎站；7—排土场；8—小河

3.2.6　露天矿掘沟

3.2.6.1　出入沟

出入沟是指从地表至采掘工作面以及工作面之间的矿岩运输通道，见图 3-8。

3.2.6.2　开段沟

开段沟是指为新水平建立采剥工作线所开掘的堑沟，见图 3-8。

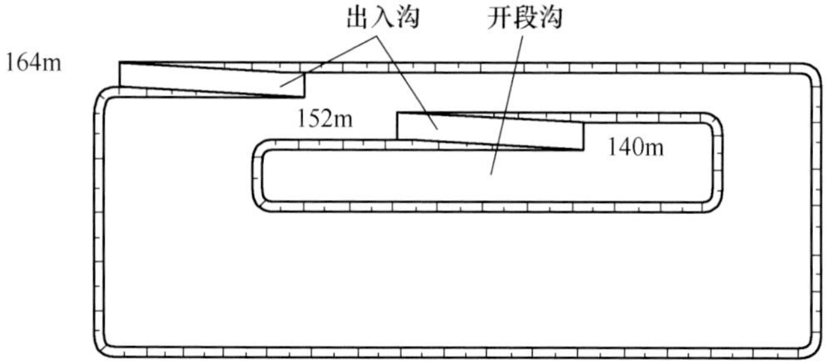

图 3-8　出入沟和开段沟

3.3　开采工艺

开采工艺是指组成露天开采各生产环节中的机械设备和各作业方法的总称，主要包括穿孔、爆破、采装、运输及排弃等作业环节。

3.3.1　穿孔

穿孔工作是固体矿床开采的第一道工序，其目的是为随后的爆破工作提供装放炸药的空穴。常用的穿孔设备包括牙轮钻机、潜孔钻机、火钻、凿岩台车、钢绳冲击钻机等，当前大中型露天矿山最常用的穿孔设备是牙轮钻机和潜孔钻机（见图 3-9）。

3.3.2　爆破

爆破是露天开采的第二个工艺环节，在穿孔工作完成后，通过往钻孔内装填炸药，借助炸药爆破时产生的能量将整体矿岩进行破碎和松动。露天矿爆破方法包括以下三种：

(a) (b)

图 3-9 常用钻机设备

（a）回转式牙轮钻机；（b）液压潜孔钻机

（1）浅眼爆破法。

（2）深孔爆破法，根据起爆顺序和起爆时间的不同，又分为齐发爆破、秒差爆破、微差爆破。

（3）大爆破，也称硐室爆破法。

3.3.3 采装

采装工作是露天矿开采全部生产过程的中心环节，是指用采掘设备将矿岩从整体母岩或松散爆堆中采集出来，并装入运输设备或直接卸到一定地点的工作。主要设备是各种挖掘机和土方工程机械，目前应用最广泛的是单斗挖掘机、索斗铲，并以电铲为主，如图 3-10 所示。

3.3.4 运输

在露天矿开采过程中，矿山运输的基本建设投资约占矿山基建总投资额的 60%，运输成本和劳动量分别占矿石总成本和总劳动量的一半以上。

运输方式主要包括汽车运输、铁路运输、胶带运输以及联合运输，其中自卸汽车运输最普遍。常见运输设备见图 3-11。

(a)

(b)

(c)

(d)

图 3-10 常用采装设备

（a）单斗挖掘机（电铲）；（b）装载机；（c）轮斗挖掘机；（d）挖掘机

3.3.5 排土

排土是指将剥离物排入堆存场地的作业。排土工艺可分为汽车-推土机、铁路-电铲（排土犁、推土机、前装机、铲运机等）、带式输送机-推土机以及水力运输排土等。

排土场也称废石场，是指堆存剥离物的场地。

3.3.6 排水

大气降水及岩层含水是露天矿主要的水源。排放方式主要包括自流排水和机械排水两种方式。

3.3.6.1 自流排水

自流排水是指利用露天采场与地形的自然高差，不用水泵等动力设备，仅依靠排水沟等简单工程将积水自流排出采场的排水系统。

图 3-11 常见运输和破碎设备

（a）自卸汽车；（b）内燃机车；（c）胶带运输机；（d）移动破碎站

3.3.6.2 机械排水

机械排水是指利用水仓汇水，通过水泵等动力设备，将积水排出地表的排水系统，又可分为采场底部集中排水、采场分段接力排水和地下井巷排水三种形式。

（1）采场底部集中排水。采场底部集中排水是指在露天采场底部设置临时水仓和水泵，使进入采场的水全部汇集到采场底部水仓，再由水泵经排水管道排至地表，如图 3-12 所示。

（2）采场分段接力排水。在露天采场的边帮上设置几个固定泵站，分段拦截并排出涌水，各固定泵站可以将水直接排至地表，也可以采取接力方式通过上水平的主泵站将水排至地表，如图 3-13 所示。

（3）地下井巷排水。地下井巷排水是指通过垂直泄水井或钻孔，或者在边坡上开凿水平泄水巷道，将降雨和地下涌水排泄到井下水仓内，由井下排水设施排出地表，如图 3-14 所示。

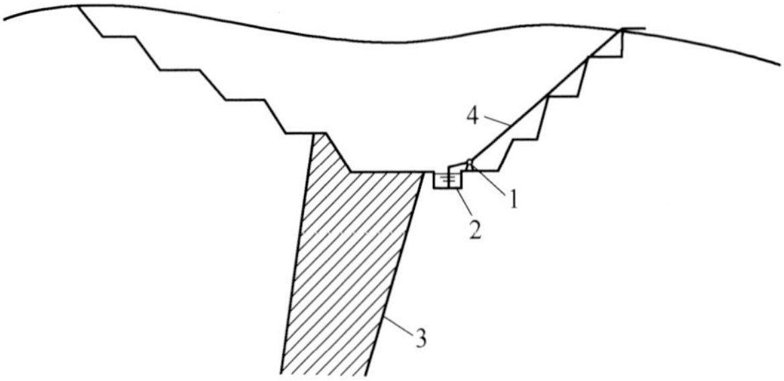

图 3-12　露天采场底部集中排水系统

1—水泵；2—水仓；3—露天开采境界；4—排水管

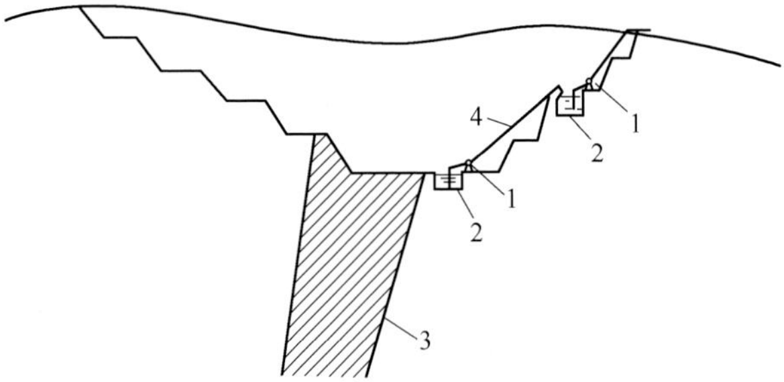

图 3-13　分段接力排水系统

1—水泵；2—水仓；3—露天开采境界；4—排水管

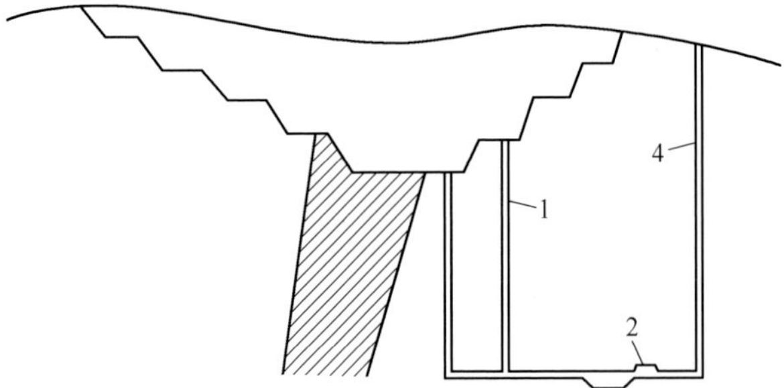

图 3-14　地下井巷排水系统

1—泄水井或钻孔；2—地下水泵房；3—地下水仓；4—井筒

3.3.7 边坡

3.3.7.1 边坡稳定性的影响因素

边坡稳定性的影响因素可分为内在因素和外在因素两个方面。内在因素包括地貌条件、岩石性质、岩体结构与地质构造等；外在因素包括水文地质条件、风化作用、水中的作用、地震及人为因素等。内因在边坡的变形中起决定性的控制作用，外因起促进作用。

3.3.7.2 边坡维护措施

常见边坡维护措施有削坡与压坡脚、增大或维持边坡岩体强度、锚固与支挡等。目前国内外在矿山边坡人工加固中，比较广泛地采用抗滑桩、金属锚杆和锚索，并辅以混凝土护坡和喷浆防渗透等技术。

3.4 饰面石材开采

饰面石材是建筑装饰用天然岩石材料的总称，分为大理岩和花岗岩两大类。饰面石材美观耐用，是高级建筑装饰材料。我国饰面石材矿山均露天开采。

3.4.1 饰面石材开采基本特点

3.4.1.1 荒料

从矿（岩）体中最大限度地采出具有一定规格和技术要求，能加工饰面板材或工艺美术造型，完整无缺的长方体、正方体和其他形状的大块石，即为荒料。

荒料是石材矿山的商品产品，也是石材加工厂的原料，其最大规格取决于加工设备允许的最大尺寸，其最小规格应满足锯切稳定性的要求。

3.4.1.2 评价要素

饰面石材开采，是以采出大块荒料为目的，主要从以下几个方面进行评价：

（1）矿石质量。用于装饰的石材，常常以其装饰性能（即石材表面的颜色花纹、光泽度和外观质量等）来作为选材的要求，但评价石材质量时除考虑装饰性能外，还应考虑其他质量指标，如抗压强度、抗折强度、耐久性、抗冻性、耐磨性、硬度等。

（2）荒料块度。荒料按块度分为 3 级：一级≥$3m^3$；$1m^3$≤二级<$3m^3$；$0.5m^3$≤三级<$1m^3$。

（3）荒料率。荒料率是指一定开采范围内采出的各级荒料总量与采出矿石总量之比。饰面石材的开采应最大限度地提高荒料规格和荒料率。

（4）综合利用。饰面石材，从矿山到加工厂的整个生产过程中，产生的废料或废石往往占到开采与加工原料的 80%左右，应能最大限度综合利用这些废料，提高效益。

3.4.2　饰面石材开拓方法

石材矿山常用的开拓方式有公路运输开拓、起重机运输开拓、斜坡提升台车运输开拓和联合开拓等。

3.4.2.1　公路运输开拓

公路运输开拓是国内外石材矿山最常用的一种开拓方式。公路从采场外直接进入各开采水平，荒料直接吊装，无需转载。

3.4.2.2　起重机运输开拓

起重机运输开拓是指在采场适当位置配置起重设备，采用无沟开拓。将其站立水平之上或之下一定范围内工作台阶采出的荒料和废石，起吊到装运水平装入运输容器运出。常用的开拓起重设备，有桅杆式起重机和缆索起重机两种，见图 3-15。

(a)　　(b)

图 3-15　常见起重机

（a）缆绳式桅杆起重机；（b）空中缆索式起重机

3.4.2.3 斜坡提升台车运输开拓

斜坡提升台车运输开拓，适用于急倾斜矿体，深度大，地形复杂不适用大型起重机和汽车运输开拓的矿山。

3.4.2.4 联合开拓

石材矿山常用的联合开拓方式为汽车运输和桅杆式起重机联合开拓。

3.4.3 采石工艺与方法

3.4.3.1 采石工艺

饰面石材主要为露天开采，其采石工艺分为分离、顶翻、切割、整形、拖曳或推移、吊装与运输、清碴 7 个工序。

（1）分离。分离是指从矿体上将条状矿石分离下来。

（2）顶翻。顶翻是指将高度大、宽度小的长条块石，翻转 90°，便于切割。

（3）切割。切割是指将条石分割为毛荒料（荒料坯）和荒料。

（4）整形。整形是指将毛荒料加工修正为荒料。

（5）拖曳或推移。将吊装范围以外的荒料，拖曳或推移吊装范围内，以便起吊。

（6）吊装与运输。将采下的石材，吊装至运输容器运出采场。

（7）清碴。将择取荒料后留在采场工作平台上的块石、碎石加以清除并排弃。

3.4.3.2 采石方法

采石方法根据分离工艺，即长条块石脱离原岩体所形成的切缝或沟槽的方法，分为凿岩劈裂法、凿岩爆裂法、机械锯切法、射流切割法和联合采石法。

（1）凿岩劈裂法。凿岩劈裂法是指在凿成的孔眼中，借助液压劈裂器或人工锤击钢楔，使孔壁产生法向挤压力，岩石沿孔眼排列的方向裂开，达到分离岩石的目的。

（2）凿岩爆裂法。凿岩爆裂法是指在凿成的孔眼中，装入导爆索、黑火药、燃烧剂、静态爆破剂等材料，达到爆裂或胀裂的目的。

（3）机械锯切法。机械锯切法具有矿石破损少、荒料率高、劳动生产率高、整形工作量小等优点，在条件适宜的情况下，应提倡采用锯切法。

（4）射流切割法。射流切割法是指采用火焰切割机或高压水枪切割石材。

（5）联合开采法。联合开采法是指采用上述四种采石方法的不同组合的开采法。几乎所有石材矿山均采用联合开采法。

4 特殊采矿法

4.1 溶浸采矿

溶浸采矿也称化学采矿，是指通过溶浸液与矿物的化学反应，选择性地溶解矿石中的有用组分，并在反应区内提取有用组分浸出液的开采方法。

4.1.1 基本要素

（1）溶浸液。溶浸液是指浸出过程中使用的浸矿溶液。

（2）浸矿剂。浸矿剂是指配制溶浸液的化学药剂。

（3）浸出液。浸出液是指浸矿得到的含有用组分的溶液。

（4）产品液。产品液也称富液，是指已达到合格含量的浸出液。

（5）反应生产物。反应生产物是指溶浸液与被浸金属矿物发生化学反应产生的新化学物质。

（6）有用组分的浸出率。有用组分的浸出率是指溶解到溶浸液中的有用组分数量与浸出前矿石中有用组分总量的百分比。

4.1.2 常用溶浸采矿方法

4.1.2.1 堆置浸矿法

堆置浸矿法又可分为非筑堆浸矿法和筑堆浸矿法。前者是指进行堆浸之前没有筑堆和破碎工序，直接向露天排土场的低品位矿石和废石淋浸溶浸液进行浸出；后者指淋浸之前进行必要的矿石破碎、堆浸场地修整和筑堆等工作。堆置浸矿法主要应用于辉铜矿、黄铜矿、铀矿、金矿等，如图 4-1 所示。

4.1.2.2 就地破碎浸矿法

就地破碎浸矿法是指用爆破或地压手段将矿石就地进行破碎，然后对破碎矿石淋浸，如图 4-2 所示。

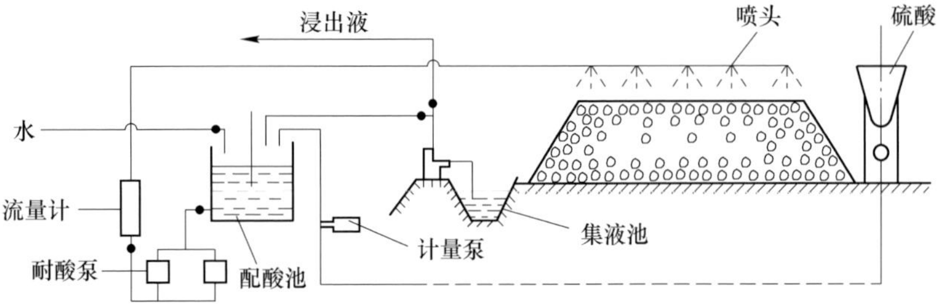

图 4-1　堆浸法示意图

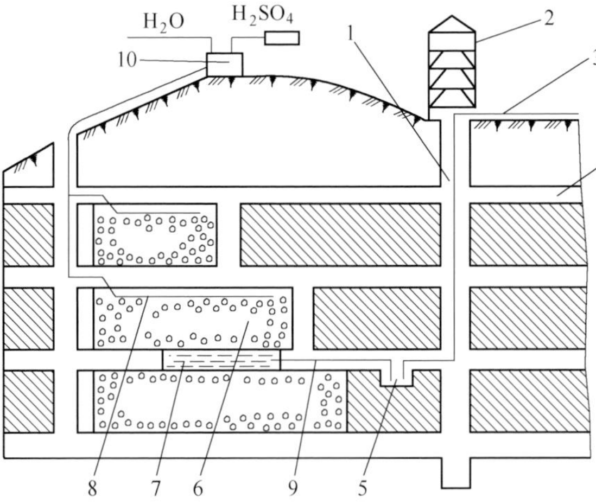

图 4-2　就地破碎浸矿法的开拓和集液系统示意图

1—竖井；2—井架；3—抽液管；4—阶段平巷；5—泵液池；6—崩落矿石；7—井下集液池；8—输液管；9—富液输出管；10—配液池

4.1.2.3　原地浸矿法

原地浸矿法是指向矿层注入的溶浸液与没有经过任何位移的非均质矿石接触，完成化学反应，有选择地浸出有用组分，如图 4-3 所示。

4.1.2.4　联合浸矿法

联合浸矿法是指用两种或两种以上的浸矿法联合回采一个矿块。

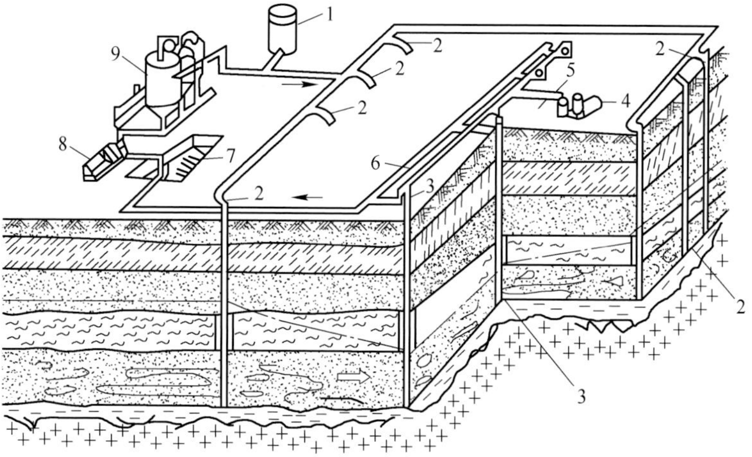

图 4-3 地浸立体示意图

1—溶浸液制备处；2—注液孔；3—抽液孔；4—空气压缩机；5—气升泵气管；6—富液（浸出液）汇集管；7—沉淀池；8—泵（富液输送泵）；9—浸出液处理装置

4.2 盐类采矿

4.2.1 盐类矿地下水溶法

4.2.1.1 溶解采矿法

溶解采矿法是指矿物浸出时不改变矿物成分，通过简单的溶解作用，把固体矿物变成可以输送液体的采矿方法，如岩盐、钾盐等的溶解开采。

4.2.1.2 卤水

卤水是指含有一定浓度盐类矿物的水溶液。

4.2.1.3 溶腔

溶腔是指矿石溶解后在地下矿层中形成的洞穴。

4.2.1.4 钻孔水溶法

钻孔水溶法是指通过钻孔把溶剂注入可溶性矿层中溶解矿石，生成富含开采矿物成分的卤水，再从钻井中采出卤水的采矿方法。

目前，世界上90%以上的岩盐（钠盐）都采用钻孔水溶法开采。

由于使用钻孔水溶法的基本前提条件是开采对象应该溶于水，因此，该方法也可用于开采钾盐、天然碱和芒硝等易溶于水的盐类矿床。钻孔水溶法分为单井对流法和水力压裂法两种类型，如图 4-4 所示。

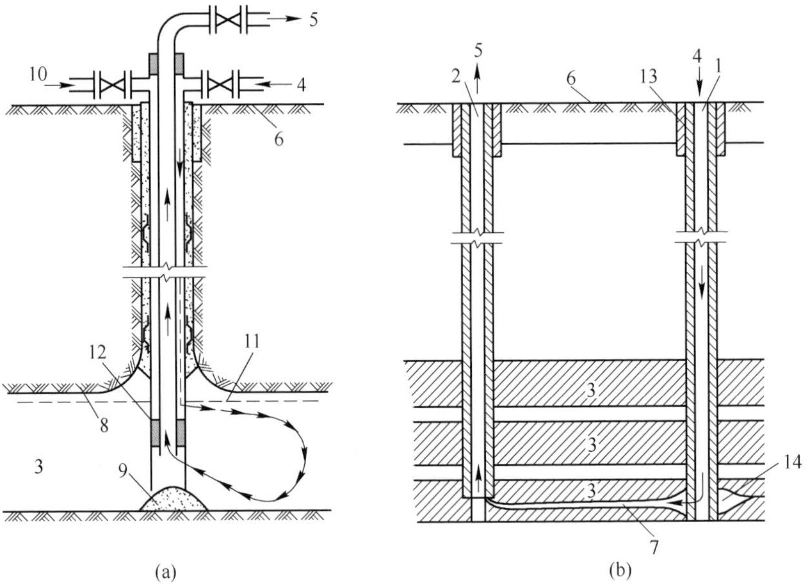

图 4-4　钻孔水溶法

（a）单井对流法；（b）水力压裂法

1—注水井；2—出肉井；3—矿层；4—水；5—卤水；6—地表；7—裂缝；8—溶腔；9—矿渣；10—油；11—油垫层；12—封隔器；13—套管；14—射孔

4.2.2　盐湖卤水矿开采

（1）盐湖。盐湖是指湖水矿化度送到 35g/L 以上的湖泊或盐类沉积的湖泊。

（2）卤水矿。卤水矿是指有益组分含量在当前技术经济条件下达到工业指标，可单独或综合开发利用的卤水资源。

（3）老卤。老卤是指盐田的卤水经蒸发浓缩、析出有益盐类后的卤水。

（4）盐田。盐田是指利用日晒方法蒸发浓缩盐湖卤水、结晶产盐的滩场。

4.3 砂矿床开采

砂矿开采是指用水力或机械从冲积矿床或砂矿床中挖掘、运输、富集并回收有用矿物的工艺。

4.3.1 砂矿机械开采

砂矿机械开采是指用挖掘机、前装机和推土机等机械铲挖，并与汽车、带式输送机等运输设备相配套装运陆地砂矿的工艺。

4.3.2 砂矿水力开采

砂矿水力开采是指用水枪射流冲采砂矿形成浆体，再以自流或加压输送至选矿厂或水力排土场的开采工艺。

4.3.3 采砂船采矿

采砂船采矿是指用安设采选联合机组设施的船只，从事水下砂矿开采的作业。

4.3.4 海滨砂矿

海滨砂矿是指在大陆与海洋岛屿的海岸线和大陆架上堆积形成的砂矿床。

4.4 海洋采矿

海洋采矿是指从海水、海底表层沉积物和基岩中获取有用矿物的过程。

4.4.1 海洋矿产资源

海洋矿产资源是海水中溶解的矿物、海底表层矿床和海底基岩矿床的总称。主要的海洋矿产资源有锰结核、天然气水合物。

（1）锰结核。锰结核也称多金属结核、锰矿球、锰矿团、锰瘤，是一种铁、锰氧化物的集合体，颜色常为黑色和褐黑色。

(2) 天然气水合物。天然气水合物也称“可燃冰”(combustible ice)、“固体瓦斯”或“汽冰”，是分布于深海沉积物或陆域的永久冻土中，由天然气与水在高压低温条件下形成的类冰状的结晶物质。

4.4.2 海洋采矿方法

海洋采矿方法主要分为基岩型矿床开采方法和沉积型矿床开采方法，如图 4-5 所示。

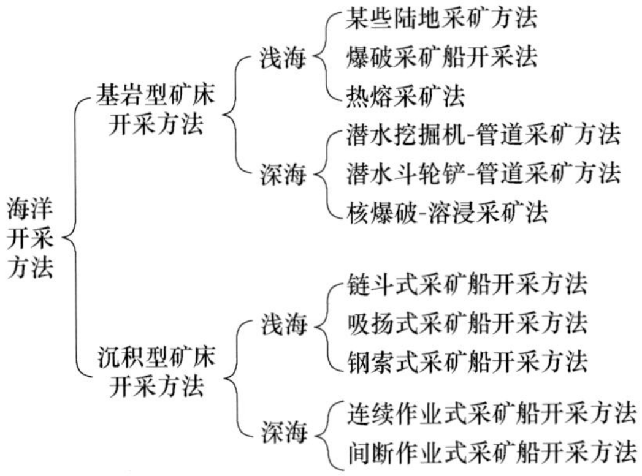

图 4-5　海洋采矿方法分类

5 选矿基本概念

5.1 基本术语

（1）选矿。根据矿物的物理性质、化学性质或物理化学性质的差异，利用选矿设备、药剂及工艺等，富集一种或多种有价矿物的工艺过程。

（2）矿石。含有有用矿物并有开采价值的岩石。

（3）脉石。在矿石中，除了有用矿物外，还含有目前无法富积或尚不能利用的一些矿物，这些无法回收利用的岩石称为脉石。

（4）矿物。产于矿床中具有确定的化学组成和物理、化学性质的自然单质或化合物，是矿石的基本单位。

（5）矿产。泛指一切埋藏在地下（或分布于地表的、或岩石风化的、或岩石沉积的）可供人类利用的天然矿物或岩石资源。

（6）共生矿产。同一矿区（或矿床）内，存在两种或多种分别都达到工业指标的要求，并具有小型以上规模（含小型）的矿产。

（7）伴生矿产。伴生矿产是指主矿体（矿层、矿脉）中，伴生其他有用矿物、组分、元素，但未达到工业指标的要求，技术经济上不具有单独开采的价值，须与主要矿产综合利用的矿产。

（8）原矿。从矿山开采出来未经选矿或其他技术加工的矿石。

（9）精矿。原矿经过选矿作业后得到有用成分含量高的产品。

（10）尾矿。原矿中选出精矿和中矿后的剩余物。

（11）中矿。原矿经粗选得到的有用成分含量介于精矿和尾矿之间，需进一步处理的中间产物。

（12）品位。矿石或选矿产品中有用成分或有用矿物的含量。

（13）产率。选矿产品的质量占给矿质量的百分数。

（14）选矿回收率。精矿中某有用组分的质量占入选原矿中该有用组分质量的百分比。

(15) 预选。在磨矿作业之前，从矿石中分废石的作业。

(16) 分选。对矿石中的各种矿物进行分离的作业，又称选别。

(17) 粗选。对入选原矿进行初步分选的作业。

(18) 精选。对粗精矿进行富集或除杂，或对混合精矿中各有用组分进行分离的分选作业。

(19) 扫选。从粗选的尾矿中进一步回收有用成分的分选作业。

(20) 设备作业率。设备实际运转的时间（h）占日历总时间（h）的百分比。

(21) 选矿比。原矿质量与精矿质量的比值，一般为得到 1t 精矿所消耗的原矿的吨数。

(22) 富集。有用矿物集中的过程。

(23) 富集比。产物中某种成分的品位与原矿中同一成分品位之比。

(24) 工艺流程图。表示分选过程的作业顺序及产品流向的线路图。

(25) 单体颗粒。仅含有一种化学组分或物质的颗粒。

(26) 连生体颗粒。含有两种或两种以上组分或物质的颗粒。

(27) 单体解离度。某种组分呈单体颗粒存在的量占给料或产物中该组分总量的质量分数。

5.2 破碎工艺

(1) 粒度。颗粒大小的量度，它表明物料粉碎的程度。

(2) 粒级。用某种方法（如筛分）将粒度范围宽的物料群分离成若干个粒度范围窄的级别，这些级别均称为粒级，各粒级均以其上限粒度 d_1 及下限粒度（d_2）表示，如 $d_1 \sim d_2$ 或 $d_2 \sim d_1$ 或 $-d_1+d_2$。

(3) 粒度组成。各粒级按粗细不同顺序排列，并指明各粒级占物料群总量的质量分数，称为粒度组成。

(4) 粒度分析。确定物料粒度组成的试验方法。

(5) 破碎。利用外力将大块矿石碎成小块矿石的过程。一般有粗碎、中碎、细碎。

(6) 粗碎。一般认为，将给矿粒度为 500～1500mm 的矿石，破碎到 125～400mm 的过程。

(7) 中碎。一般认为，将给矿粒度为125~400mm的矿石，破碎到50~100mm的过程。

(8) 细碎。一般认为，将给矿粒度为50~100mm的矿石，破碎到5~25mm的过程。

(9) 破碎比。破碎前矿石的粒度与破碎后矿石的粒度之比。

(10) 极限破碎比。破碎前矿石的最大粒度与破碎后矿石最大粒度之比。

(11) 名义破碎比。破碎机给料口的有效宽度和排料口宽度之比。

(12) 真实破碎比。破碎前矿石的平均粒度与破碎后矿石的平均粒度之比。

(13) 破碎效率。每消耗1kW·h电所获得的破碎产物的质量（t）。

(14) 破碎机的技术效率。破碎产物中新生产的某一细粒级的质量与给料中大于该粒级的质量之比。

(15) 开路。产品直接进入下一道选矿工艺的流程。

(16) 闭路。产品经过分级，有一部分返回上一级，其余进入下一道工艺的流程。

(17) 配矿。按照一定比例将不同品位的矿石进行搭配、混匀，使其满足矿山矿石质量要求。

5.3 筛分工艺

(1) 筛分。利用筛子把矿石按粒度分成若干级别的作业。

(2) 筛分效率。筛分时实际得到的筛下产物的质量与入筛物料内所含小于筛孔尺寸的粒级质量之比，一般用百分数表示。

(3) 筛下产物。筛分原料给到筛分机械上以后，小于筛孔尺寸的物料透过筛孔，称为筛下产物。

(4) 筛上产物。筛分原料给到筛分机械上以后，物料从筛面上排出，称为筛上产物。

(5) 筛分粒度。在一定条件下，筛上产物中的最小粒度与筛下产物中的最大粒度，都近似等于筛面的筛孔尺寸，筛孔尺寸可简单地认为是筛分粒度。

(6) 准备筛分。为分选作业提供不同粒级的入选矿物的筛分作业。

（7）预先筛分。破碎前把合格粒级预先筛出的筛分作业。

（8）检查筛分。破碎后以控制破碎产品粒度的筛分作业。

（9）选择性筛分。筛分过程中不仅按粒度分级，也按质量分级的筛分。

（10）脱水筛分。将含有大量水的物料作为筛分原料，以脱出其中水分为目的的筛分称为脱水筛分。

（11）筛子处理能力。筛子每平方米筛面面积每小时处理的物料质量（t）。

5.4　磨矿工艺

（1）磨矿。利用外力，把矿石磨到选别作业所需粒度的过程。

（2）磨机临界转速。磨机中的最外层球刚好随筒体一齐旋转而不下落时，这时的球磨机转速称为临界转速。

（3）球磨机生产率。球磨机单位有效容积在单位时间内所生成的计算粒级（常用-0.074mm）的数量，即常说的按新生成计算级别的生产率。

（4）磨机“涨肚”。给入磨矿机的物料量超过磨矿机所能承受的通过能力而排不出来时，会在磨矿机内逐渐积累，最终使磨矿机失去磨矿作用，这种现象就叫“涨肚”。

（5）介质充填率。磨矿介质占磨机容积的百分数。

（6）过磨。磨矿作业中，物料粒级比要求的粒级还要小的现象。

5.5　分级

（1）预先分级。在物料给入磨矿机之前，先将原矿中合格的细粒部分分出去的作业叫预先分级。当原矿中合格粒级含量超过15%时，采用预先分级作业更有利。

（2）检查分级。把磨矿机排矿中粗粒部分（不合格部分）分出来，并返回磨矿机重新磨的分级作业叫检查分级。

（3）控制分级。将检查分级的溢流进一步分级的作业称为控制分级。这种分级作业，只有在现场中对最终产品粒度要求很细时才能采用。

（4）网目。单位长度的筛面上所具有的筛孔数称为网目数,简称目。

（5）-200目（0.074mm）。“目”是衡量矿物颗粒粒度尺寸的单位，多用于生产现场，国际计量单位标准中粒度用mm表示。200目指在每英寸长度内的有200个筛孔数，对应的粒度尺寸是0.074mm。生产现场中多用-200目含量表示物料粒度，是指物料中能够通过尺寸为0.074mm筛孔的物料质量占全部物料质量的百分比。如生产现场所说的“-200目含量60%”指有60%的物料能够通过0.074mm筛孔。

（6）水力分级。根据矿粒在水中沉降速度的不同，将粒度级别较宽的矿粒群，分成若干窄粒度级别产物的过程。

（7）溢流浓度。分级机溢流中矿石（固体）与水的比例。

（8）矿浆浓度。按质量计算的矿浆中矿石（固体）含量的百分数。

（9）液固比。矿浆中液体质量与矿石质量之比。

（10）返砂比/循环负荷。经分级后返回磨机再磨的物料量与磨机原给料量之比的百分数。

5.6 选别工艺

（1）可选性。按要求的质量指标，从原矿中分选出合格产品的难易程度。

（2）重选。利用矿石中有用矿物与脉石矿物的密度差，在介质中（水或气流等）沉降速度不同而使它们分离的一种方法。重力选矿法常用设备有：跳汰机、摇床、溜槽、螺旋选矿机以及水力旋流器等。

（3）磁选。利用矿石中有用矿物与脉石矿物的磁性差异，将有用矿物分离出来的选别方法。磁铁矿的选别一般用此方法。

（4）浮选。利用矿石中有用矿物与脉石矿物表面物理化学性质的不同，通过药剂作用而使有用矿物和脉石分离的选矿方法。浮选法应用极为普遍，有色金属矿、赤铁矿等常用此方法。

（5）重介质选矿。矿粒群在密度大于水的介质中按密度分离的过程。

（6）重介质。通常将密度大于水的介质称为重介质。

（7）重液。重液是一些密度高的有机液体或无机盐类的水溶液。

（8）氰化浸出。用氰化物溶液作浸出剂，从含金银矿物原料中提取金银矿物的浸出工艺。

（9）洗矿。利用水力冲刷,将黏土、细泥等与矿石分离的作业方法。

（10）自由沉降。矿粒只受到本身重力、介质浮力和阻力的作用，而不受外力影响的自由下降运动。

（11）跳汰选矿。在垂直交变介质中，根据密度差异进行分层和分离的重力分选过程。

（12）离心选矿。利用矿粒在回转矿浆流中产生的惯性离心力差异按密度分离的重选方法。

（13）磁场强度。磁选机磁选筒表面磁场强弱的表征。弱磁场磁选机，磁场强度在 63～160kA/m（生产现场中常用 800～2000Oe 表示）之间，用于分选强磁性矿物。中磁场磁选机，磁场强度 160～480kA/m（生产现场中常用 2000～6000Oe 表示）之间。强磁场磁选机，磁场强度为 480～2100kA/m（生产现场中常用 6000～26000Oe 表示），用于选分弱磁性矿物。

（14）磁团聚。细粒强磁性矿物在低弱磁场中受磁力和剪切力作用，选择性地形成磁团聚体与脉石分离的磁选方法。

（15）充气量。浮选机正常工作，单位时间、单位浮选槽面积所能充入气体的数量。

（16）充气均匀度。气泡在矿浆中分布的均匀性。

（17）疏水性矿物。矿物表面极性弱，对水分子的引力小，水化作用弱的矿物。

（18）亲水性矿物。矿物表面极性强，对水分子的引力大，水化作用强的矿物。

（19）矿化气泡。附着矿粒的气泡

（20）物理吸附。由分子间力引起的吸附。

（21）两相气泡。由液、气两相构成的泡沫。

（22）三相气泡。由液、气、固三相构成的泡沫。

（23）捕收剂。改变矿物表面疏水性，使浮游的矿粒黏附于气泡上的浮选药剂。

（24）起泡剂。能降低水的表面张力形成泡沫，使充气浮选矿浆中的空气泡能附着于选择性上浮的矿物颗粒上的一类表面活性剂。

（25）抑制剂。降低矿物可浮性的一种药剂。可以使矿粒表面形成亲水性薄膜，形成胶体吸附膜，从而阻碍捕收剂与矿物表面相作用。

（26）活化剂。消除抑制作用，促进可浮性，使矿物表面造成易于与捕收剂相作用的药剂。

（27）介质调整剂。调整矿浆酸碱度、分散和团聚、消除有害离子等作用的浮选药剂。

（28）粗选。矿浆经过调和后进入浮选的第一个作业为粗选。

（29）精选。将粗选所得的泡沫产品进行再浮选的作业称为精选。

（30）扫选。将粗选剩余的尾矿继续浮选的作业称为扫选。

（31）正浮选。将有用矿物浮入泡沫产物中，将脉石矿物留在矿浆中的浮选作业。

（32）反浮选。将脉石矿物浮入泡沫产物中，将有用矿物留在非泡沫产物中的浮选作业。

（33）优先浮选。矿石中含有两种或两种以上的有用矿物，将有用矿物依次地一个一个地选出为单一的精矿，此种方法称为优先浮选。

（34）混合浮选。矿石中含有两种或两种以上的有用矿物，将有用矿物共同选出为混合精矿，随后再把混合精矿中的有用矿物一个一个地分选开，此种方法称为混合浮选。

（35）药剂制度。加入浮选过程中药剂种类和数量、加药地点和加药方式等总称为药剂制度。

5.7 脱水工艺

（1）浓缩。脱除矿浆中的部分水分，提高矿浆浓度的过程。

（2）过滤。脱除精矿产品和尾矿产品中的水分，促使精矿和尾矿浓度达到需要标准的过程。

（3）干燥。通过加温或晾晒等进一步脱除精矿水分的过程。

5.8 输送

（1）尾矿湿排。矿浆状尾矿通过矿浆管道自流排出或砂泵排送到尾矿库的过程。

（2）尾矿干排。过滤后的粒状干尾矿通过箕斗或矿车、皮带运输机、架空索道等排送尾矿的过程。

5.9 堆存

（1）尾矿库。集中堆存尾矿的场所。

（2）集中放矿。冬季生产时利用集中放矿管排放尾矿的方法，以及开辟下一个子坝时的放矿方法。

（3）分散放矿。夏天生产时利用分散放矿管排放尾矿的方法。目的是使尾矿坝堆积平整不存在死角，增加储存容积。

5.10 其他

（1）选矿厂规模。选矿厂设计处理能力的大小。

（2）金属平衡。进入选矿作业的金属和选矿产品（产物）中的金属含量之间的平衡关系。

（3）理论金属平衡表。根据在平衡的期间内的原矿石和最终选矿产品（精矿与尾矿）所化验得到的品位算出的精矿产率和金属回收率，因未考虑过程中的损失，所以此回收率称为理论回收率，此金属平衡表称为理论金属平衡表。

（4）实际金属平衡表。根据在平衡表期间内所处理矿石的实际数量、精矿的实际数量以及化验品位算出的金属回收率称为实际金属回收率，此金属平衡表称为实际金属平衡表。

6 主要设备简介

6.1 给料机

给料机设备见表 6-1。

表 6-1 给料机主要设备

设备名称	外 观	备 注
棒条给料机	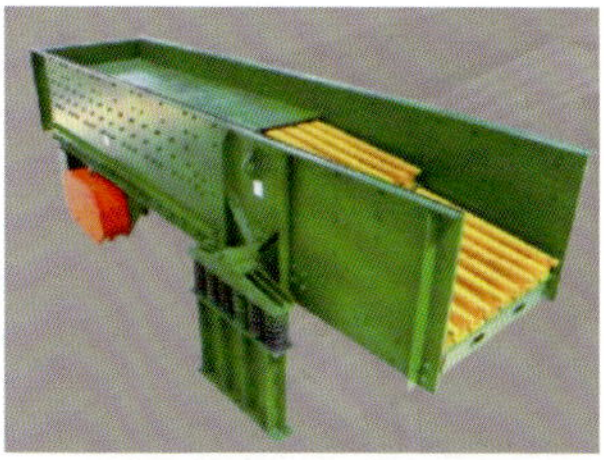	适用于粗碎（如颚式破碎机、锤式破碎机等）大块物料的均匀给料
胶带给料机		适用于中细碎，如圆锥破碎机等给料
振动给料机		适用于各类粗细物料的给料
圆盘给料机		适用于中细粒度物料的给料

续表 6-1

设备名称	外　　观	备　　注
槽式给料机	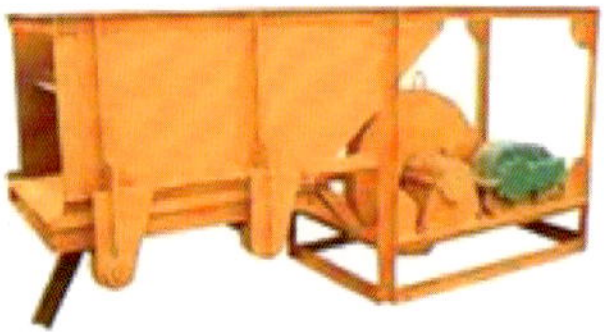	贮矿槽排料应用较早的一种给料设备

6.2 破碎设备

破碎设备见表 6-2。

表 6-2　破碎设备

设备名称	外　　观	备　　注
颚式破碎机		颚式破碎机分为简摆式和复摆式两种，是将大块（一般300mm 以上）的矿石破碎成较小的（一般 10mm 以上）块状矿石的一种机械。常用于粗碎，且通常用于开路作业方式
旋回破碎机		旋回破碎机，工作可靠，生产能力大，常用于粗中碎，且通常用于开路作业，进料粒度达 450～1000mm，出料粒度一般在 0～200mm 之间，其规格是用给矿口及排矿口宽度来表示。例如 500/75 型旋回破碎机，它的给矿口宽为 500mm，排矿口宽为 75mm

续表 6-2

设备名称	外　观	备　注
圆锥破碎机		圆锥破碎机具有破碎比大、效率高、能耗少、产品粒度均匀和适合破碎硬矿石等特点，常用于中细碎作业，且通常用于闭路作业
对辊破碎机		对辊破碎机适用于抗压强度小于 250MPa，水分小于 35%的固体物料的中碎和细碎作业，如破碎铁矿石、石英石、钾（钠）长石、石灰石、河卵石等。具有使用维修费低、对水分要求低、性能可靠、耗电少、粉尘少、噪声低等特点
反击式破碎机		利用反击破碎原理对物料进行破碎，一般比颚式破碎机破碎得更细，抗压强最高可达 350MPa，具有破碎比大、破碎后物料呈立方体等特点
锤式破碎机		在工作时，电机带动转子高速旋转，将物料均匀给入破碎机腔中，以高速旋转锤头，冲击、剪切、撕裂矿物致矿石破碎，同时，矿石本身的重力作用也使物料从高速旋转的锤头冲向架体内挡板、筛条，将大于筛孔的物料留在筛板上继续受锤头打击、研磨，而过筛的物料直接排出

续表 6-2

设备名称	外　　观	备　　注
齿辊式破碎机		在选煤厂多用于原煤破碎，也可用于中煤的破碎

6.3　筛分设备

筛分设备见表 6-3。

表 6-3　筛分设备

设备名称	外　　观	备　　注
固定筛	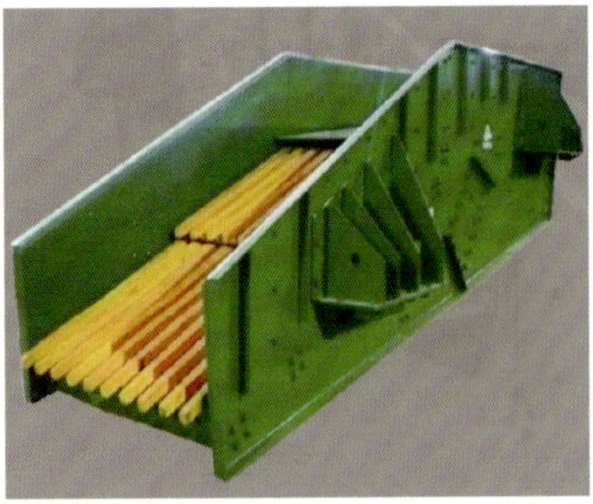	包括固定格筛、固定条筛、弧形筛。主要用作粗碎和中碎前的预先筛分
圆振筛		筛箱做圆周运动。常用于中细碎筛分闭路作业

续表 6-3

设备名称	外　　观	备　　注
直线振动筛		运动轨迹为直线，物料在筛面上运动情况较好，因而筛分效率比较高；筛面可以水平放置，降低筛子安装高度；除用于物料筛分外，特别适合脱水、脱泥和脱介
惯性振动筛		筛面面积大，生产能力大，筛分效率高，能耗低
自定中心振动筛		振幅较大，入筛最大粒度可达 150mm。常用来对粒度在 0.25～150mm 之间的碎散物料进行筛分
等厚筛	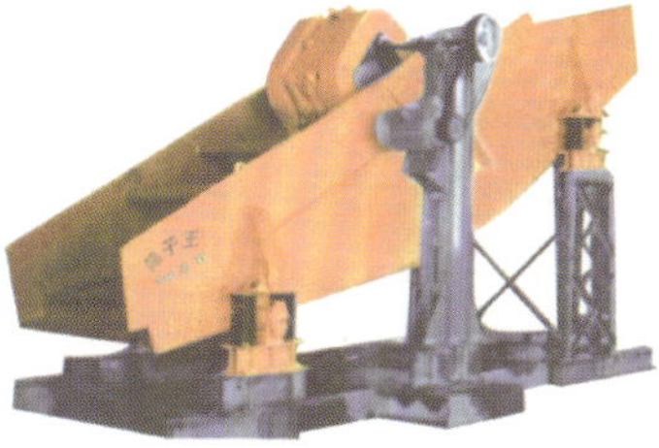	生产能力大，筛分效率高，但机器庞大笨重

续表 6-3

设备名称	外　观	备　注
香蕉筛		香蕉形直线振动筛具有极高的筛分效率和高于传统分级筛1.5~2倍处理量的特点，主要用于细粒含量高的大、中粒级物料的粒度分级，亦可用于脱水、脱介和脱泥等作业
直线振动筛		适用于脱水、分级、脱介、脱泥，亦可用于磁铁矿的冲洗、脱泥、分级及干式筛分等

6.4 磨矿设备

磨矿设备见表 6-4。

表 6-4 磨矿设备

设备名称	外　观	备　注
格子型球磨机		对破碎后的物料进行干式或湿式粉磨，直至矿物单体解离。球磨机的磨矿介质为钢球或铁球。常用于粗粒产物的磨矿，除排矿端安装有排矿格子板外，其他都和溢流型球磨机相似

续表 6-4

设备名称	外　观	备　注
溢流型球磨机		溢流型球磨机的排矿方式是非强制排矿，只有当筒体内的压力达到一定程度，矿浆高于排矿端中空轴的下边缘时，才会自流溢出。对破碎后的物料进行干式或湿式粉磨，直至矿物单体解离。一般适用于细磨或两段磨矿中第二段磨矿
棒磨机		棒磨机的磨矿介质为钢棒或铁棒。棒磨机一般用于粗磨，一般给矿粒度为 20 ~ 30mm，产品粒度为 0 ~ 3mm
砾磨机		利用难磨颗粒充当磨矿介质对矿物进行研磨的磨矿机。无论哪种类型的磨矿机，凡用矽质砾石作破碎介质的皆称砾磨机
自磨机		利用被磨物料自身为介质，通过相互的冲击和磨削作用实现粉碎，多用于硬度差异大的矿石

续表 6-4

设备名称	外　　观	备　　注
半自磨机		在自磨机中加入少量磨矿介质（如钢球）的磨机一般可以提高磨矿效率
立磨机		立式磨机广泛用于水泥、建材、冶金、矿山等行业的各种固体物料的粉磨和超细碎粉磨，相比球磨机具有产品粒度均匀，能耗低等优势
高压辊磨机		近些年广泛应用的新兴高效粉碎设备，可简化碎矿流程、多碎少磨、提高系统生产能力、改善磨矿效果或选别指标。经高压辊磨机处理的铁矿石及钼矿石等，一般后续磨矿作业所需能耗显著降低

续表 6-4

设备名称	外 观	备 注
塔式磨机		一种搅拌类磨机。依靠给予矿料强力的挤压、研磨和内部分级，塔磨机大大地降低系统动力。依靠内部分级，塔磨机能容易地将矿砂处理成所要求细度的产品，产品细度在1~74μm 可调
振动磨		细磨与超细磨设备，磨碎产物粒度细，平均值可达 1μm 以下
雷蒙磨		超细粉碎的设备，给料粒度一般为 15~20mm，磨碎产物粒度通常为 0.044~0.125mm
搅拌磨		用于生产粒度小于 1μm 的微细产品，广泛应用于高岭石、滑石、云母、石灰石等非金属矿的超细粉碎

6.5 分级设备

分级设备见表6-5。

表6-5 分级设备

设备名称	外 观	备 注
高堰式螺旋分级机		适于分级粒度在0.15mm以上的矿浆
低堰式螺旋分级机		分级液面低于下端螺旋轴承，液面很小，受搅动作用大的分级机。主要用于含泥矿石的洗矿
沉没式螺旋分级机		整个螺旋沉没在沉降区液面以下的分级机，沉降区较深、面积较大，一般适用于0.07~0.15mm的矿石分级
水力旋流器		利用离心力来加速矿粒沉降的分级设备。需要压力给矿，故消耗动力大，但占地面积小、价格便宜，处理量大，分级效率高，可获得很细的溢流产品，多用于第二段闭路磨矿中的分级设备，广泛应用于分级、浓缩、脱水以至选别作业，通常组装使用

续表 6-5

设备名称	外　　观	备　　注
高频细筛		一种借助筛面高频振动力和物料自身重力实现按粒度分级的筛分设备，具有处理量大、筛分精度高等优点，在选矿厂提铁降硅、控制产品粒度、分级等方面取得了广泛应用。物料中被回收成分在细级别中大量富集，细筛常用作选择筛分设备
分泥斗		又称圆锥分级机，既可用作脱泥设备，也可用作粗分级设备
云锡式水力分级箱		作为准备作业设备，可用于摇床等选别前的分级

6.6 选别设备

6.6.1 重选

重选设备见表 6-6。

表 6-6 重选设备

设备名称	外观	备注
跳汰机		物料主要在垂直升降的变速介质流中，按密度差异进行分选的设备。跳汰时所用的介质可以是水，也可以是空气。以水作为分选介质时，称为水力跳汰；以空气作为分选介质时，称为风力跳汰
螺旋溜槽		适用于分选粒度 0.02 ~ 0.3mm 的物料，其选矿效率高，运转可靠，但分选精度较低
螺旋选矿机		多适用于选别粗粒级，也可以用来选别全粒级

续表 6-6

设备名称	外　观	备　注
摇床		选别细粒物料应用最广泛的重选设备，能精确地产出多种质量不同的产物
离心选矿机		离心力场中对矿粒群进行重选的设备。离心选矿机的转鼓以一定的转数高速旋转，矿浆由给矿分矿器经给矿嘴分两处送入转鼓的内壁上。根据不同物料离心力大小选出精矿、尾矿
重介质旋流器		通常作为选煤设备，结构简单无运动部件、分选效率高。在重介质旋流器分选过程中，物料和悬浮液以一定压力沿切线方向给入旋流器，形成强有力的旋涡流；液流从入料口开始沿旋流器内壁形成一个下降的外螺旋流；在旋流器轴心附近形成一股上升的内螺旋流；由于内螺旋流具有负压而吸入空气，在旋流器轴心形成空气柱；入料中的精煤随内螺旋流向上，从溢流口排出，矸石随外螺旋流向下，从底流口排出

6.6.2 磁选

磁选设备见表 6-7。

表 6-7　磁选设备

设备名称	外　观	备　注
磁力脱水槽		磁力脱水槽是一种靠重力、磁力和上升水流力综合作用的弱磁场磁选设备，它能分选出大量的细粒尾矿，兼有脱水作用。常用于磁性矿物阶段磨矿阶段选别流程第一段磨矿后或第二段磨矿磁选前的脱泥和预选作业，亦可用于过滤前的浓缩作业
弱、中磁磁选机	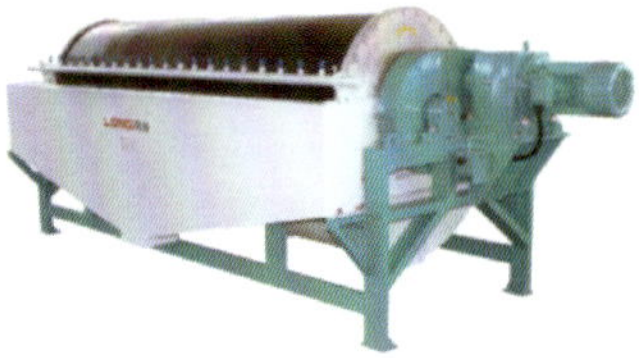	弱磁磁选机磁场强度在 63～160kA/m（生产现场中常用 800～2000Oe 表示）之间，用于分选强磁性矿物。 中磁磁选机磁场强度介于弱磁强磁之间，为 160～480kA/m
强磁磁选机		磁场强度为 480～2100kA/m（生产现场中常用 6000～26000Oe 表示），用于分选弱磁性矿物

续表 6-7

设备名称	外　　观	备　　注
逆流型 永磁磁选机	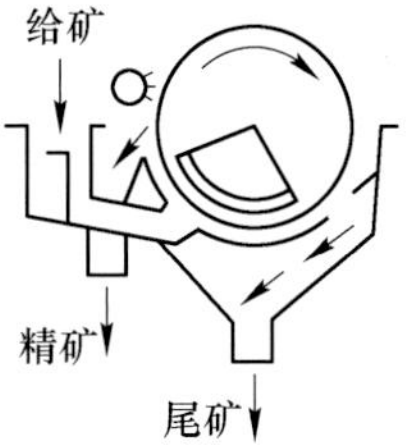 逆流式(N)	被选物料和非磁性矿粒的运动方向相同，而磁性产品的运动方向与此方向相反。适宜于细粒强磁性矿物的粗选与扫选作业，回收率较高，但精矿品位较低。因为粗粒物料易沉积堵塞选别空间，所以逆流型磁选机不适于处理粗粒物料
半逆流型 永磁磁选机	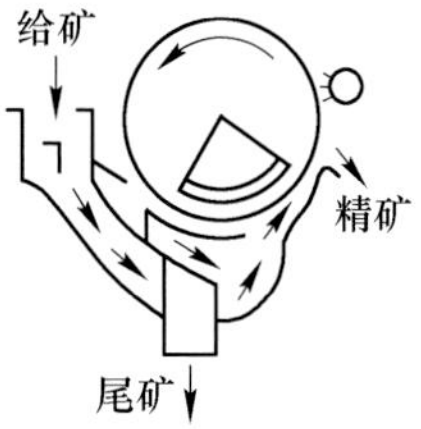 半逆流式(B)	矿浆由圆筒下部给入槽内，磁性矿粒被圆筒带到一定高度后落到精矿槽中，非磁性矿粒被运动的矿浆带着沿和圆筒转动方向相反的方向到尾矿槽中。它适宜于处理 0.5mm 以下的矿粒的粗选和精选，还可以多台串联和并联，实现多次的扫选和精选
顺流型 永磁磁选机	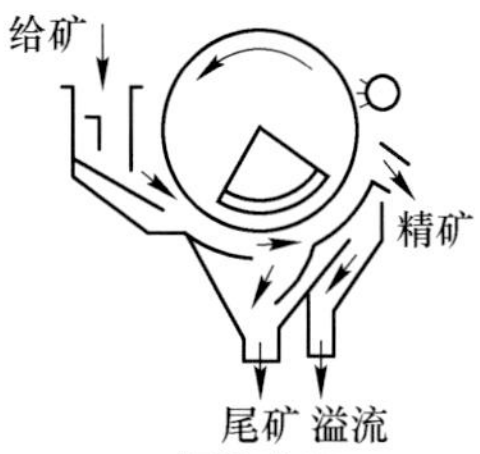 顺流式(S)	矿浆的移动方向与圆筒旋转方向或产品移动的方向一致。矿浆由给矿箱直接进到圆筒的磁系下方，非磁性矿粒和磁性很弱的矿粒由圆筒下方的两底之间的间隙排出。顺流式磁选机处理能力大，适宜于处理较粗粒度的强磁性物料的粗选和精选，亦可多台串连工作

续表 6-7

设备名称	外　观	备　注
高梯度磁选机		高梯度磁选机是一种用于弱磁性矿物筛选的强磁选机。适用于富集比大，给矿粒度、浓度和品位波动较强的磁选作业
磁选柱		磁选柱属于电磁式弱磁场磁重选淘洗设备，用于铁矿选矿厂精选作业。经过处理的矿浆从上部给矿器注入，在自身重力以及磁场的作用下，矿浆中的铁磁性矿物向下运动，并从下部流出，尾矿则随水流而上，从溢流槽流出，从而达到选矿的目的
除铁器		作用是将混杂在物料中铁磁性杂质清除，以保证输送系统中的破碎机、研磨机等机械设备安全正常工作

续表 6-7

设备名称	外　　观	备　　注
脱磁器		脱磁器是磁铁矿石选矿厂独有的一种辅助设备。它的作用是消除磁铁矿的剩磁，破坏磁团聚
磁滑轮	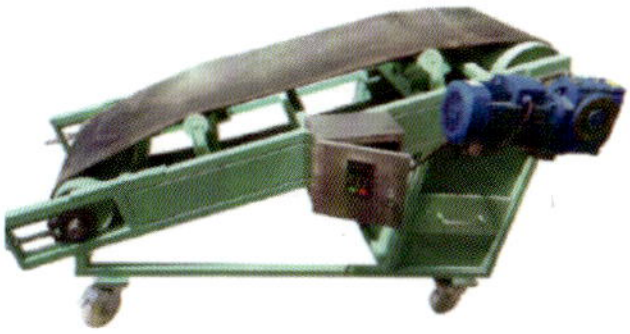	对磁铁矿型铁矿石进行干式预选，可以预先抛出混入矿石中的废石
干式感应辊式磁选机	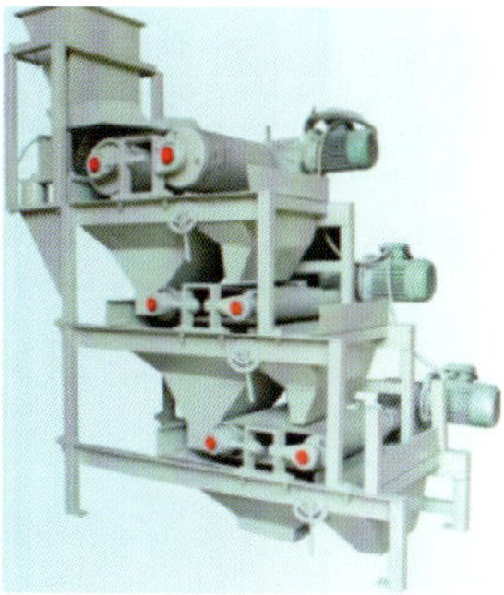	主要来选别稀有金属矿石和其他弱磁性矿石

6.6.3　浮选

浮选设备见表 6-8。

表 6-8　浮选设备

设备名称	外　　观	备　　注
自吸式机械搅拌浮选机		此类浮选机是由叶轮或回转子的旋转而使矿浆进行充气和搅拌。常见型号有 XJK 型浮选机、JJF 型浮选机、BF 型浮选机、SF 型浮选机、GF 型浮选机
充气式机械搅拌浮选机		此类浮选机除了叶轮或回转子的旋转而使矿浆进行充气和搅拌之外，还从外部用鼓风机送入压缩空气。常见型号有 XCF 型浮选机、KYF 型浮选机。适用于大、中型浮选厂的粗、扫选作业
浮选柱		浮选柱也叫柱式浮选机，是一种深槽型充气式浮选机，是我国新型浮选设备之一。一般适用于微细粒级矿物的选别并且易于实现自动化控制和大型化

6.6.4　其他选别设备

其他选别设备见表 6-9。

表 6-9 其他选别设备

设备名称	外 观	备 注
矿浆搅拌槽		主要用在浮选机作业前面的矿浆搅拌，它的主要作用是让矿浆和药剂可以充分接触和混匀，为浮选作业做准备。它还可以在氧化铝生产中用作预脱硅槽、溶出后槽、脱洗槽和种分槽，也可用于化工、建材行业料浆搅拌及氰化工厂、污水处理厂等工业部门
X 射线分选机		利用矿石中不同成分受 X 射线照射后的不同反应特征进行矿粒分选的机械。可用于分选各类块状矿石和原料，能够将废石夹石与矿石分离，或低品位矿石与高品位矿石分离

6.7 脱水设备

脱水设备见表 6-10。

表 6-10 脱水设备

设备名称	外 观	备 注
周边传动浓缩机		适用于选矿厂的精矿和尾矿脱水处理，把浓度为 20%～30%的矿浆提高到 40%～70%

续表 6-10

<table>
<tr><th colspan="2">设备名称</th><th>外　　观</th><th>备　　注</th></tr>
<tr><td colspan="2">中心传动浓缩机</td><td></td><td>主要用于选矿过程中精矿的脱水处理，作脱水第一阶段——浓缩之用</td></tr>
<tr><td colspan="2">斜板式浓缩机</td><td></td><td>沉降区设置一组倾斜平行板的矿浆重力浓缩设备，可用于浓缩与回水，也可用于分级与脱泥。细粒溢流或清水从各通道溢流面横向直接排出，保证设备获得较高的分级浓缩效率</td></tr>
<tr><td rowspan="2">过滤机</td><td>盘式真空过滤机</td><td></td><td>一种固液分离设备，利用真空作为过滤动力使浆体进行固液分离，是一种性能优异，使用可靠的脱水设备。一般适用于铁精矿、有色金属精矿脱水等工作</td></tr>
<tr><td>陶瓷过滤机</td><td></td><td>由陶瓷过滤板、辊筒及真空系统等组成。采用微孔陶瓷作为过滤介质，利用微孔陶瓷毛细作用实现固液分离，在负压工作状态下，固体物料因不能通过微孔陶瓷过滤板而附在陶瓷板表面，液体因真空压差的作用则顺利通过</td></tr>
</table>

续表 6-10

设备名称		外　观	备　注
过滤机	压滤机	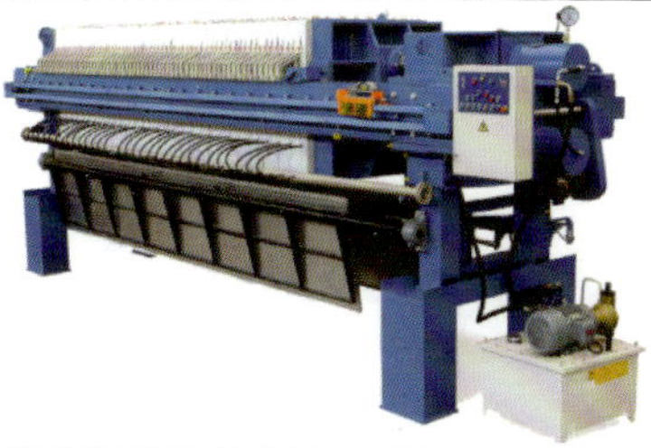	对对象施加一定的压力，使得液体渗析出来的一种机械设备，是一种常用的固液分离设备。有箱式压滤机、板框压滤机、带式压滤机、立式压滤机等
	真空永磁过滤机		主要适用于对较粗颗粒强磁性物料的脱水。筒体内部装有铁氧体永久磁系，可促使磁性颗粒迅速吸附到滤布表面

6.8 洗矿设备

洗矿设备见表 6-11。

表 6-11 洗矿设备

设备名称	外　观	备　注
圆筒洗矿机		利用旋转的圆筒和内部的刮板以及物料中自有的卵石和岩石来分解黏土、块状物和软氧化物。粗细不同的物料还有水同时在一起翻滚搅动，有效地把有用矿物从泥中释放出来
水力洗矿机		可使含泥在 20% 以上的矿石，在洗矿机中螺旋搅拌、擦洗达到矿石与泥分离的目的，洗净后的矿石从排料口排出，泥水从尾矿端排出

6.9 输送

输送设备见表 6-12。

表 6-12 输送设备

设备名称	外　观	备　注
皮带机		皮带机是带式输送机的简称，有固定式和移动式等多种，主要用于输送散装物料的连续输送，工作平稳，输送能力较大
立式渣浆泵		主要用于输送腐蚀性、粗颗粒、高浓度矿浆，一般泵头部分要放在液面以下
卧式渣浆泵		泵轴位置与水平面平行时称为卧式渣浆泵，属于离心泵的一种，当叶轮快速转动时，叶片促使介质很快旋转，旋转着的介质在离心力的作用下从叶轮中飞出，泵内的介质被抛出后，叶轮的中心部分形成真空区域，介质在大气压力（或水压）的作用下通过管网压到了进料管
斗式提升机	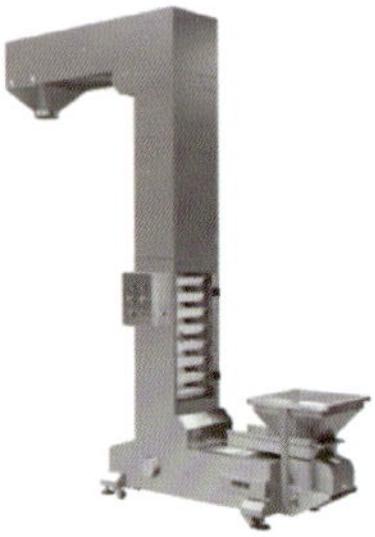	用于低处往高处提升物料，主要适用于粉状、颗粒状及小块物料的连续垂直提升。物料进入料斗后被传送带输送到顶部，到达最高点后物料由于向心力向出料口排出

6.10 堆存

尾矿库是为堆贮各种矿石尾料而修建的场库。一般先建一定高度的初期坝，待尾矿料堆积至各坝顶时，再向上逐级修建若干个趾坝，直到设计库容所需达到的高度。尾矿库如图 6-1 所示。

图 6-1　尾矿库

7　简明工艺方法概要

7.1　破碎筛分工艺

7.1.1　多碎少磨

将矿石尽可能多地在破碎阶段粉碎，减少磨矿的入料粒度。这是由于破碎能量利用率高于磨矿，以及大粒度物料经破碎后，产生裂缝多，有利于提高后续磨机粉磨效率。

7.1.2　大块干选流程

在破碎阶段进行干式磁选作业，抛掉一部分废石，可提高入磨矿石品位，减少入磨量，降低成本。

7.1.3　常见的破碎流程

常见的破碎流程见表7-1。

表7-1　常见的破碎流程

流程名称	流　程　图	备　　注
一段开路破碎流程		只有一次破碎作业的流程。开路破碎最终产物粒度较粗，但可以简化破碎车间配置，减少细碎机及筛子数量。当磨机的给矿粒度可以较粗，以及处理含泥含水量较大的矿石时可以采用开路流程

续表 7-1

流程名称	流 程 图	备 注
一段闭路破碎流程	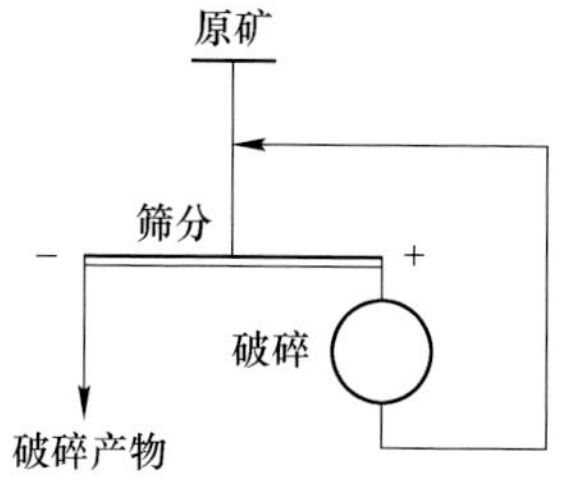	一次破碎一次筛分作业的流程。闭路破碎所需设备数量多，配置复杂，但其破碎产物粒度细，有利于提高磨机生产能力，降低磨矿的成本，因此应尽量采用闭路流程
两段开路破碎流程	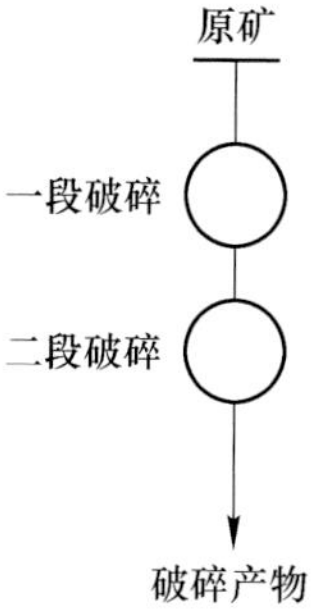	只有两次破碎作业的流程。两段开路破碎流程所得的破碎产物粒度粗，只在简易小型选矿厂或工业性试验厂采用，第一段一般不设预先筛分。当原矿中含泥和水较高时，为使生产能正常进行，小型选矿厂也可以采用此流程
两段一闭路破碎流程	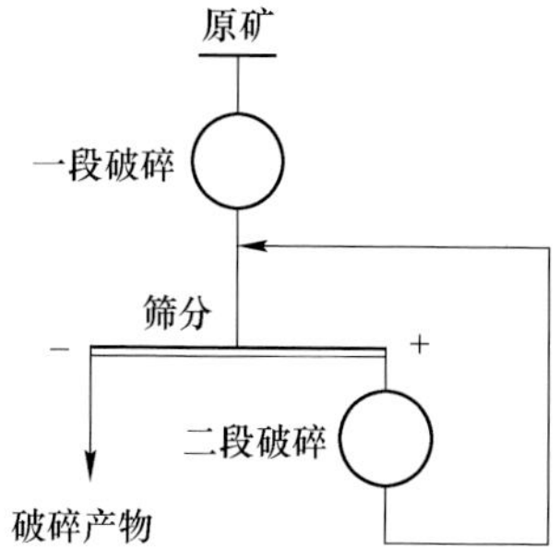	通过筛分控制合格粒度的两段破碎流程，适用于小型选矿厂处理井下开采粒度不大的矿石，并且第二段破碎一般采用破碎比比较大的破碎设备

续表 7-1

流程名称	流　程　图	备　　注
三段一闭路破碎流程	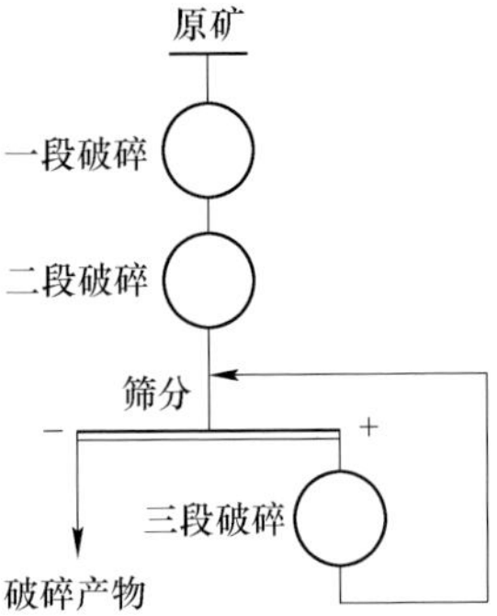	三段一闭路破碎流程，作为磨矿的准备作业，应用广泛，其破碎产物粒度细，有利于提高磨机生产能力，降低磨矿成本

7.2　高压辊磨机流程

高压辊磨机流程见表 7-2。

表 7-2　高压辊磨机流程

流程名称	流　程　图	备　　注
开路流程	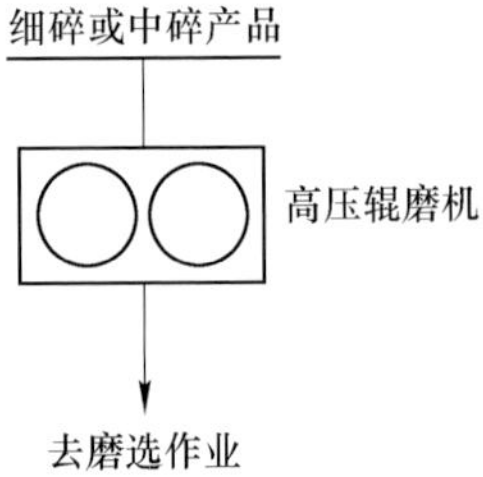	最简单的高压辊磨流程，利用高压辊磨简单开路，可以在相同的处理条件下，减少磨机的台数或装机功率。该流程适应性广，配置简单，易于实现
边料返回	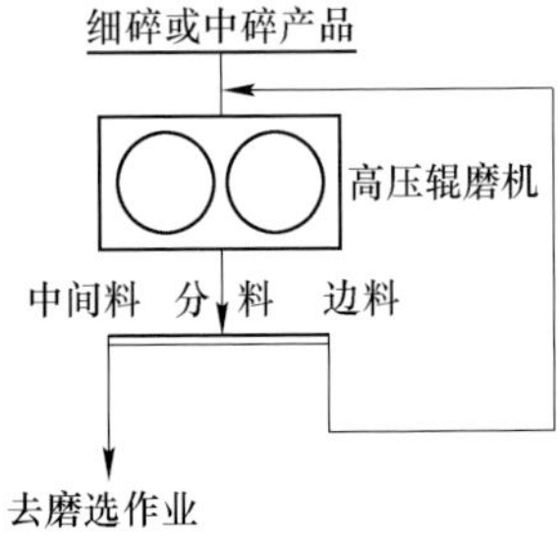	在需要边料返回的矿石中，使高压辊磨产品粒度更加均匀，粒度组成较细

续表 7-2

流程名称	流 程 图	备 注
闭路打散、筛分	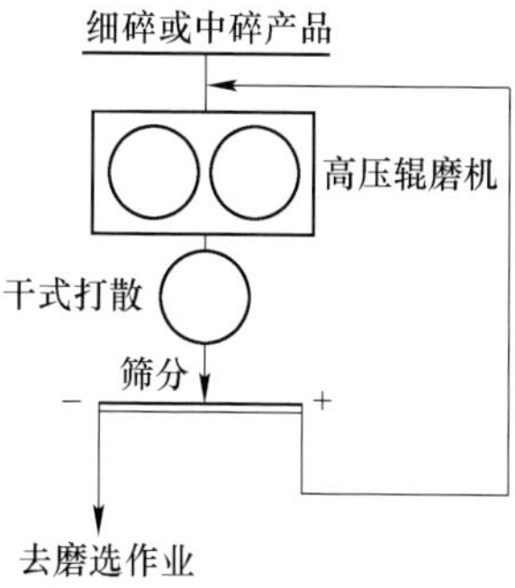	控制合适产品粒度的辊磨破碎流程，该流程特别适宜于缺水干旱的地区，以及含泥量少的矿石

7.3 磨矿分级工艺

7.3.1 阶段磨矿流程

阶段磨矿流程一般适用于有用矿物嵌布不均匀的矿石磨矿，阶段磨矿阶段选别工艺有利于尽早选出已经单体解离的有用矿物，避免过磨。

7.3.2 细筛再磨流程

细筛再磨指利用细筛和磨机控制产品粒度，进而提高精矿品位的一种工艺。

7.3.3 常见的磨矿流程

常见的磨矿流程见表 7-3。

表 7-3　常见的磨矿流程

流程名称	流　程　图	备　　注
一段闭路磨矿流程	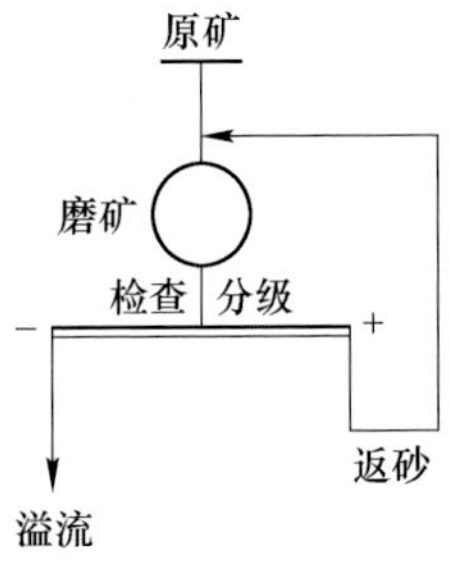	磨矿后的产物进入检查分级机分出大部分合格的粒级，不合格的粒级返回磨机构成循环负荷
带预先分级的一段闭路磨矿流程	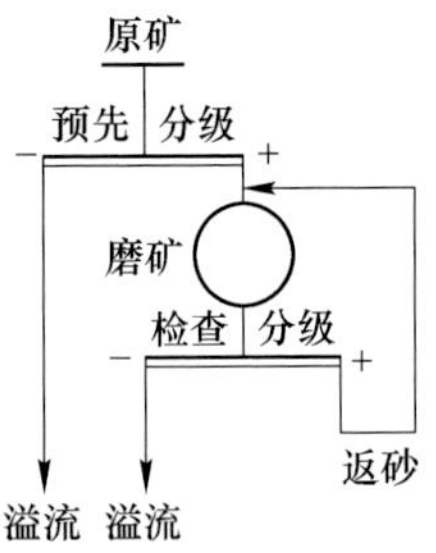	当处理含有大量合格产物的细粒矿石，以及有必要将原生矿泥和矿石中所含可溶性盐类预先分出单独处理时，可采用此流程
两段一闭路磨矿流程	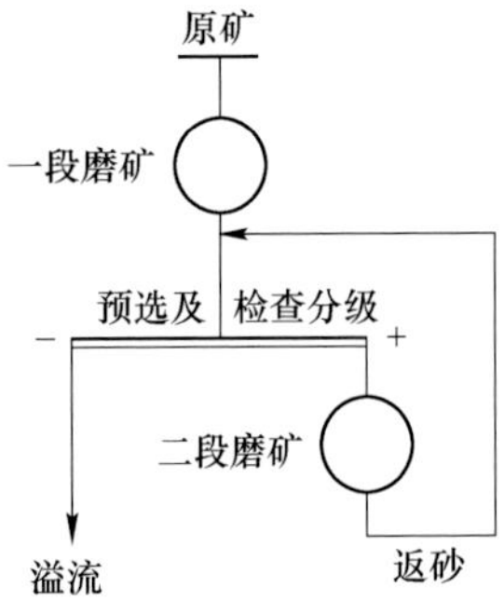	第一段磨矿的排矿直接传给第二段，能在两段磨矿时得到粒级较细的磨矿最终产物。第一段开路工作的磨机以棒磨机较为常见

续表 7-3

<table>
<tr><th colspan="2">流程名称</th><th>流　程　图</th><th>备　　注</th></tr>
<tr><td colspan="2">两段全闭路
磨矿流程</td><td>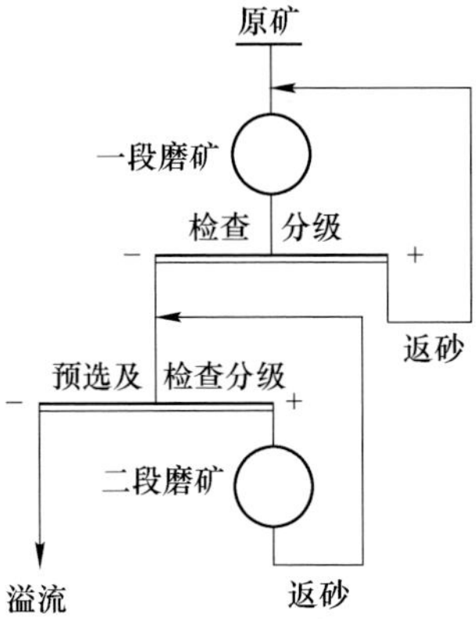
</td><td>要求最终磨矿细度较细时，采用两段闭路磨矿。常用于处理硬度较大，嵌布粒度较细的矿石，采用这种流程时，磨矿细度能达 −0.074mm 占 80% ~85%</td></tr>
<tr><td>常见的
自磨流程</td><td>一段全自
磨流程</td><td>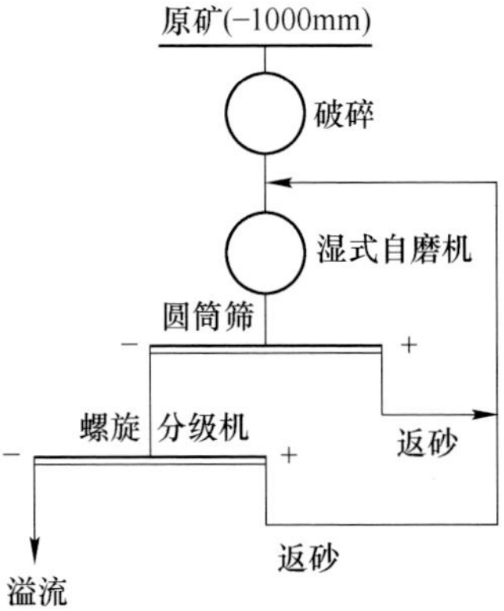
</td><td>一般适用于磨矿产物中 −0.074mm 粒级含量小于 60% 的情况</td></tr>
</table>

续表 7-3

流程名称		流　程　图	备　　注
常见的自磨流程	一段半自磨流程	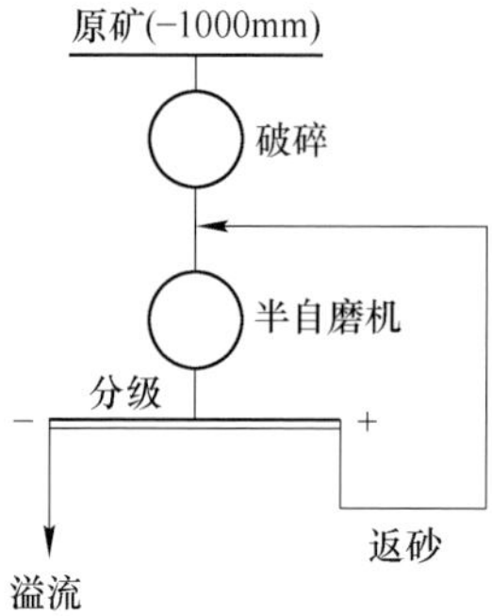	把粗碎后的物料用半自磨机一次磨碎到要求的产物粒度，由于该流程并不能降低钢耗，因此仅在特殊情况下才采用
	两段半自磨流程	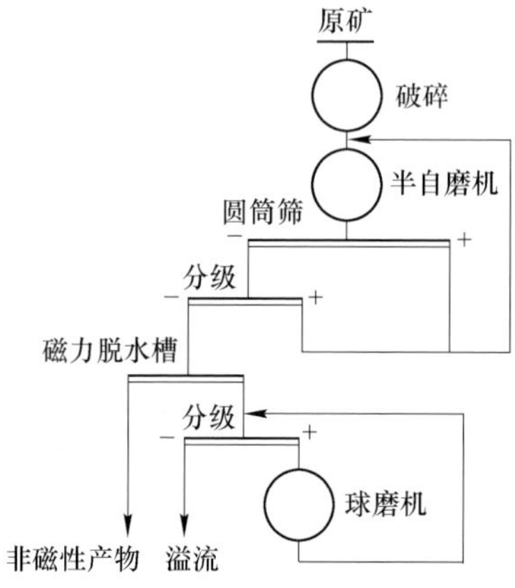	适用于磨矿产物中 −0.074mm 粒级含量大于 70% 的情况

续表 7-3

流程名称		流 程 图	备 注
常见的自磨流程	两段全自磨流程	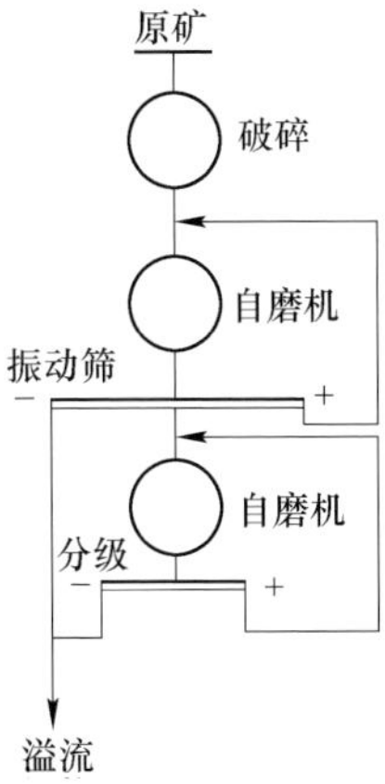	适用于磨物中-0.074mm粒级含量大于70%的情况

7.4 选别工艺

7.4.1 常见浮选原则流程

常见浮选原则流程见表 7-4。

表 7-4 常见浮选原则流程

流程名称	流 程 图	备 注
优先浮选流程	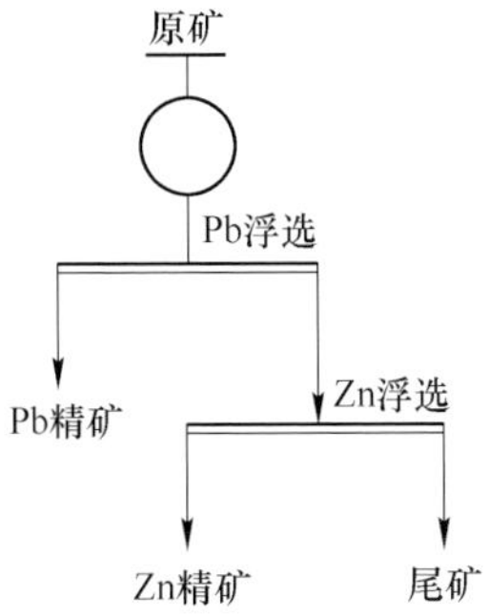	将物料中要回收的各种组分按序逐一浮出，分别得到各自产物

续表 7-4

<table>
<tr><th>流程名称</th><th>流　程　图</th><th>备　　注</th></tr>
<tr><td>混合浮选流程</td><td>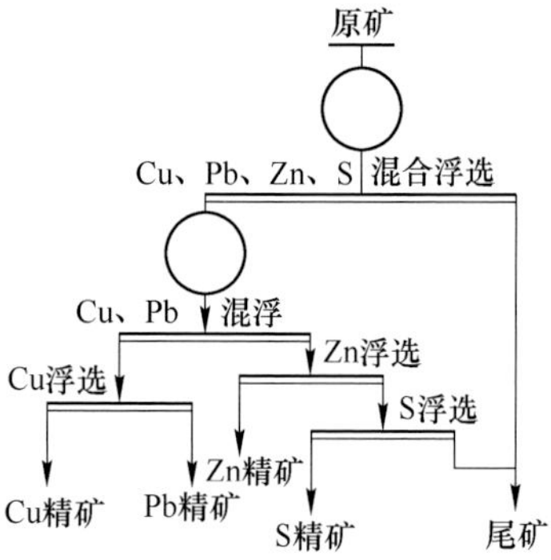
</td><td>将物料中所有要回收的组分一起浮出得到中间产物，然后再对其进行浮选分离的流程</td></tr>
<tr><td>部分混合浮选流程</td><td>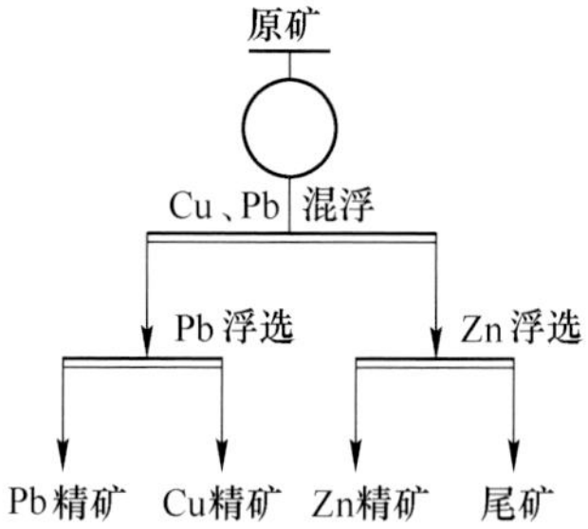
</td><td>先从物料中混合浮出部分要回收的组分，并抑制其余组分，然后再活化浮出其他要回收的组分</td></tr>
<tr><td>等可浮流程</td><td>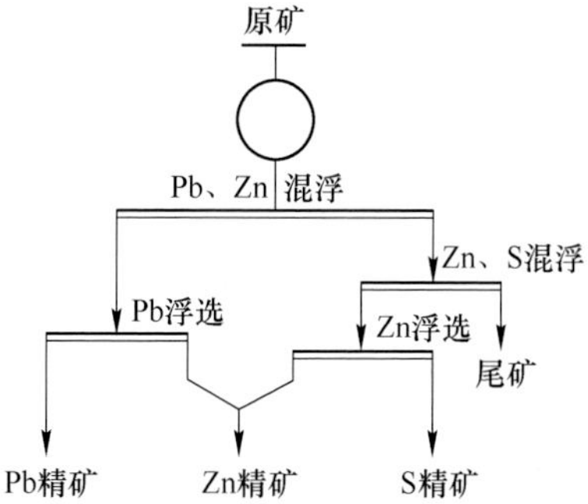
</td><td>又叫分别混合浮选流程。它是把要浮选的有用矿物按可浮性不同，分成易浮与难浮两部分，按先易后难顺序开展浮选回收。其优点是可以降低药剂消耗，消除过剩药剂对分离浮选的影响，有利于提高浮选指标。主要缺点是比全浮要多用设备</td></tr>
</table>

7.4.2 预选工艺

磁铁矿石在破碎之后，在磨矿作业前，进行干式磁选，可抛弃大量围岩和夹石，提高入选品位，提高磨机处理能力，改善选矿厂技术经济指标。

7.5 其他工艺

7.5.1 尾矿干排工艺

尾矿干排工艺是将选矿厂尾矿浓缩脱水，达到尾矿干堆的目的。避免环境污染，减小尾矿库容压力。

7.5.2 全尾砂胶结充填工艺

全尾砂胶结充填是以没有进行分级脱泥的全粒级尾砂作为充填骨料，与一定比例的胶结材料和水混合均匀搅拌后充入井下采空区的一种充填方式。它充分利用尾矿，实现矿山无废开采，同时也是将尾砂视为一种远景资源储存于井下。

8 常用矿石选矿方法

8.1 铁矿石

8.1.1 磁铁矿

（1）单一弱磁选流程。选别作业采用单一弱磁选工艺，适用于矿物组成简单的易选单一磁铁矿矿石；可进一步划分为两类：连续磨矿—弱磁选流程、阶段磨矿—阶段选别流程。

1）连续磨矿—弱磁选流程：适用于嵌布粒度较粗或含铁品位较高的矿石。根据铁矿物的嵌布粒度，可采用一段磨矿或两段连续磨矿，磨矿产品达到选别要求后进行弱磁选。

2）阶段磨矿—阶段选别流程：适用于嵌布粒度较细的低品位矿石。在一段磨矿石进行磁选粗选，抛弃部分合格尾矿，磁选粗精矿在给入二段磨矿（再磨）进行再磨再选。如果能在粗磨条件下，经过选别丢弃大量尾矿，对于减少后续磨矿和分选作业负荷、降低成本是有利的。

（2）弱磁选—反浮选流程及弱磁选—精选流程。针对某些矿石精矿品位难以提高，铁精矿中 SiO_2 等杂质组分偏高的问题，经过常规磁选后的铁精矿采用特殊的精选设备，进一步提高精矿品位。

（3）弱磁—强磁—浮选联合流程。该流程主要用于处理多金属共生铁矿石和混合铁矿石。

8.1.2 赤铁矿

（1）焙烧磁选流程。焙烧磁选流程是选别赤铁矿石的有效方法之一。当矿物组成比较复杂而其他选矿方法难以获得良好的选别指标时，往往采用磁化焙烧法。

（2）弱磁—强磁流程。弱磁—强磁流程是处理磁铁—赤铁混合矿石的传统工艺，弱磁选尾矿浓缩后进行强磁粗选和扫选，强磁粗精矿浓缩后经强磁选机精选。

（3）强磁选流程。强磁选流程是处理赤铁矿等弱磁性矿物的传统方法。

（4）强磁—浮选流程。首先通过强磁选将矿石中单体石英和易泥化的绿泥石等脉石矿物在粗磨的条件下排出，磁选粗精矿进一步细磨和浮选生产合格精矿。

（5）连续磨矿—弱磁选—强磁选—反浮选流程。将矿石直接磨至单体解离，采用弱磁选—强磁选可以起到排出尾矿和脱泥的双重作用，减轻或消除矿泥对浮选的不利影响；采用反浮选分离石英等脉石矿物能够适应矿石中的磁铁矿、赤铁矿和假象赤铁矿不同比例的变化。

8.1.3 褐铁矿

有磁化焙烧、弱磁选、重选、强磁选、浮选、选择性絮凝浮选、强磁选—正浮选—强磁选、强磁选—反浮选联合流程等。

强磁选也是一种分选褐铁矿常用的方法。单一磁选流程简单，管理方便，对矿石的适应性较强，精矿易于浓缩过滤．但对于细粒级矿泥，选别效果较差。

（1）单一浮选流程。浮选分为正浮选和反浮选两种工艺流程。正浮选工艺一般在碱性矿浆条件下进行。反浮选工艺是将脉石矿物捕收到泡沫中，而将含铁矿物都留在浮选槽中。

（2）联合选别流程。主要有三种：磁化焙烧—磁选流程、浮选—强磁流程、重选—强磁流程。

8.1.4 菱铁矿

（1）焙烧—磁选技术。一般有堆积状态磁化焙烧、流态化磁化焙烧等。

（2）强磁选工艺。菱铁矿或镁菱铁矿具有弱磁性，虽然矿石品位低、矿物组成复杂，但用强磁选技术可以成功分选包含（镁）菱铁矿在内的赤铁矿、褐铁矿等弱磁性铁矿物。

（3）浮选工艺。主要有正浮选富集铁和反浮选脱硅等两大浮选工艺。

8.2 锰矿石

8.2.1 碳酸锰矿石

碳酸锰矿石中的主要锰矿物是菱锰矿、钙菱锰矿、锰方解石等，脉石矿物主要是硅酸盐矿物和碳酸盐矿物，对于碳酸锰矿石，生产中主要采用强磁选、强磁选—浮选联合等分选工艺进行处理。

8.2.2 氧化锰矿石

氧化锰矿石中的主要锰矿物是硬锰矿、软锰矿、水锰矿等，脉石矿物主要是硅酸盐矿物，也有碳酸盐矿物。对于氧化锰矿石，生产中主要采用重选和强磁选的方法进行处理。

8.3 铬矿石

（1）重选。用于选别结构简单、嵌布粒度较粗的锰矿石，特别适用于密度较大的氧化铬矿石。常用方法有重介质选矿、跳汰选矿和摇床选矿。

（2）强磁选。铬矿物属弱磁性矿物，在强磁场磁选机中，一般可提高铬品位4%~10%。

（3）重选—磁选。主要处理淋滤型氧化铬矿石，采用跳汰机处理3~30mm的洗净矿，可获得含锰40%以上的优质锰精矿，再经手选除杂后，可作为电池锰粉原料。

（4）强磁—浮选。目前遵义铬矿采用强磁—浮选工艺。

8.4 钒矿石

一般采用钠化焙烧、水浸、酸沉粗钒、碱溶、偏钒酸铵沉钒、离子交换、溶剂萃取法。

8.5 钛矿石

（1）重选—电选工艺流程：重选粗选，电选精选。

（2）重选—磁选—浮选工艺流程：对入选矿石分级，粗粒级重选—磁选，细粒级浮选。

（3）单一浮选工艺流程：嵌布粒度较细时的有效方法。

8.6 钨矿

钨浮选中遇到的最主要的困难是“黑钨难浮，白钨难（精）选”。黑钨矿密度大、性脆、易过粉碎，粗粒钨矿用重选，细泥中黑钨为提高回收率通过浮选的方法。白钨矿一般结晶粒度较细，可浮性良好，目前回收白钨矿的主要工艺是浮选。

（1）黑钨矿。黑钨矿多为石英大脉型或细脉型钨矿床，嵌布粒度较粗，较易选别分离。黑钨矿的选别，主要是以重选为主的联合选矿工艺，分粗选、重选、精选和细泥处理四个阶段。

（2）白钨矿。白钨矿的选别可以采用重选法、磁选法、浮选法。矿石的类型和性质不同，采用的选矿方法和工艺流程也有所不同。但基于白钨矿有很好的可浮性，在矿石中多因存在与其性质类似的含钙脉石矿物，而导致浮选的复杂性。

8.7 铜矿

铜矿根据其氧化率的不同分为硫化铜矿、氧化铜矿和混合矿。浮选法是目前最普遍的选铜方法，分为优先浮选和混合浮选等。

（1）优先浮选。铜矿优先浮选工艺的工艺流程是：破碎筛分→磨矿分级→优先浮选铜精矿→活化浮选其他精矿→浓缩脱水。优先浮选工艺是按照矿石的可浮性进行划分，首先浮选出单一铜精矿，同时抑制其余精矿；铜精矿浮选完成后再将其余精矿分别活化并浮选。

（2）混合浮选。铜矿混合浮选工艺流程：磨矿分级→经混合浮选获得混合精矿→精矿分离粗精选→浓缩脱水。铜矿混合浮选工艺是将铜精矿与矿石中含有的其他矿物一起浮选得到混合精矿，然后再将混合精矿进行分选，最后得到铜精矿。

8.8 钼矿

钼矿的选矿方法主要是浮选法，工业中回收的钼矿物常见的是辉钼矿。有时为了提高钼精矿质量、去除杂质、将钼精矿再进行化学选矿处理。在生产上需要采用分段磨矿和多段选别流程，逐步达到单体解离，确保钼精矿的高回收率。

8.9　镍矿

（1）混合浮选流程。用于选别含铜低于镍的矿石，所得铜镍混合精矿直接冶炼成高冰镍。

（2）混合—优选浮选流程。从矿石中混合浮选铜镍，再从混合精矿中分选出含低镍的铜精矿和含铜的镍精矿。

（3）混合—优先浮选。并从混合浮选尾矿中再回收部分镍，当矿石中各种镍矿物的可浮性有很大差异时，铜镍混合浮选后，再从其尾矿中进一步回收可浮性差的含镍矿物。

（4）铜镍矿石的浮选流程。浮选硫化铜镍矿石时，常采用浮选硫化铜矿物的捕收剂和起泡剂。确定浮选流程的一个基本原则是，宁可使铜进入镍精矿，而尽可能避免镍进入铜精矿。因为铜精矿中的镍在冶炼过程中损失大，而镍精矿中的铜可以得到较完全的回收。当矿石中含铜比含镍量高得多时，可把铜选成单独精矿。

8.10　金矿

（1）浮选法。金矿物的浮选一般采用一段磨矿—浮选流程，对于嵌布粒度不均匀的矿石可以采用阶段磨浮工艺。常采用一段磨浮—浮选流程，从而实现有用矿物的富集。

（2）堆浸提金法。金矿堆浸工艺就是将低品位的金矿破碎至一定粒度（或造粒），堆积在由沥青、混凝土或塑料等材料铺筑的防漏底垫上，用低浓度氰化物、碱性溶液、无毒溶剂或稀硫酸等溶液在矿堆上喷淋，使金溶解，含金的溶液从矿堆上渗滤出来，然后用活性炭吸附或锌粉置换沉淀等方法回收金。

（3）炭浸法。是一种向氰化矿浆中加入活性炭并同时进行浸出和吸附金的工艺流程，炭浸提金工艺中氰化浸出矿浆和活性炭吸附这两步为一步，在减少损耗的同时降低管理成本。

（4）砂金矿选矿。砂金矿选矿工艺的目的是尽可能地从脉石矿物中回收金矿及其各种伴生重矿物，继而采用重选、磁选和电选等联合作业将金矿和各种伴生重矿物分离，从而达到综合回收的目的。

8.11 铝土矿

传统选矿法包含重选、磁选、浮选、电选、絮凝及强磁选-阴离子反浮选等选矿工艺。

（1）浮选法。浮选法可用于分离水铝石和高岭石，用氧化石蜡皂和塔尔油作捕收剂，在碱性介质中进行。

（2）拜耳法。首要是针对高铁三水铝石矿，先按拜耳法溶解矿石提取氧化铝，经选矿或酸溶从赤泥中收回铁。

8.12 石墨

石墨主要采用浮选工艺。

（1）多段磨矿多段浮选。为保护石墨鳞片不受破损，常采用多段磨选流程。经多次再磨再选，使精矿质量满足要求。多段浮选过程中，常用起泡剂为二号油、四号油、醚醇、丁醚油等；捕收剂为煤油、柴油、重油、磺酸酯、硫酸脂、酚类、羧酸类等。

（2）重选和浮选联合流程。对于伴有重矿物的石墨矿石，采用重选和浮选联合流程进行选别，即先用重选分离出重矿物，然后将重选尾矿（轻矿物）用浮选法处理。

8.13 金刚石

金刚石矿床有原生矿床和砂矿床两种。对于含金刚石的砂床一般采用重力分选方法进行粗选，然后再进行精选。原生矿床的分选工艺则包括选前准备、粗选和精选等作业。

（1）选前准备作业包括破碎、洗矿、磨碎、水利分级以及从给料中分出废石等。

（2）粗选是将大量的不含金刚石的低密度矿物与含有金刚石的少量高密度矿物分离，得到含金刚石的中间产物。通常采用重选法，如洗盘分选、跳汰分选、重介质分选。

（3）精选是将中间产物中的金刚石与其他高密度矿物分离，直至得到金刚石的最终产品。常用的方法有手选、光电拣选、油膏分选、选择性磨碎筛分、表层浮选、电选、磁选、重液分选。

8.14　磷矿

磷矿选矿工艺中占主导地位是浮选工艺、焙烧消化工艺、擦洗脱泥工艺。

（1）正浮选工艺。直接浮选是采用有效的抑制剂抑制脉石矿物，用捕收剂将磷矿物富集于泡沫中，可适用于低品位磷矿石，包括岩浆岩型磷灰石和沉积变质型磷灰岩矿石。

（2）反浮选工艺。主要用于磷矿和白云石的分离，在弱碱性介质中用脂肪酸捕收剂浮出白云石，将磷矿物富集于槽内，其优点是实现了常温浮选，槽内产品粒度较粗有利于产品后处理。

（3）双反浮选工艺。双反浮选是在碱性的条件下，让硅酸盐表面带正电荷而用阴离子捕收剂实现目的矿物分离，即先浮选白云石，再反浮选硅酸盐，槽中产品即为重精矿，该生产线可在常温、较粗粒度的条件下进行。

8.15　高岭土

常用的方法有水力分级、高梯度强磁选、载体浮选、“双液层”分选、选择性絮凝、化学处理法、高岭土剥片、焙烧加工、表面改性处理等。

（1）硬质高岭土。原则流程为：原矿→破碎→焙烧→倒浆→旋流器分级→剥片→离心机分级→填料级产品→造纸涂料级产品。

（2）软质高岭土。原则流程为：原矿→破碎→倒浆→旋流器分级→离心机分级→剥片→磁选（漂白）→造纸涂料级产品。

（3）砂质高岭土。原则流程为：原矿→倒浆→重选除砂→调和槽（添加载体和药剂）→浮选→陶瓷级产品。

8.16　膨润土

（1）干法选别。干法（风力）分选的主要工艺过程为：初步干燥、破碎、干燥、冷却、磨粉分级、除尘、均化、包装。

（2）湿法选别。当原矿的组成复杂、蒙脱石含量为 30%～50% 时，用湿法分选，其主要工艺过程为：破碎、制浆、沉降分离、脱水干燥等。

8.17 萤石

常采用跳汰分选、摇床分选、重介质分选等方法进行分选，生产化工部门所需的商品级萤石精矿时，常采用浮选工艺。

8.18 蓝晶石族矿物

（1）蓝晶石：采用单一浮选或重浮联合流程。

（2）硅线石：采用浮选或磁浮联合流程。

（3）红柱石：采用重选或磁浮联合流程。

8.19 硅灰石

（1）单一磁选。硅灰石主要伴生矿物如透辉石和石榴子石等属于弱磁性矿物，而硅灰石基本不显现出磁性，故可用干法或者湿法强磁选技术使硅灰石与之相互分离，即可分离出大量含铁矿物，提高产品纯度。

（2）单一浮选。根据硅灰石与方解石矿物表面物理化学性质的差异，用浮选法可有效地使之相互分离，从而提高硅灰石产品的纯度。

（3）磁选—浮选联合工艺。此法适用于低品位硅灰石的处理。首先用干式或湿式磁选，将弱磁性矿物分离出来，然后用浮选法将硅灰石与方解石、石英等矿物分开。浮选分离硅灰石与方解石。

8.20 煤矿

分选作业将原煤分为精煤、中煤和矸石。对于粒度大于 0.5mm 的原煤常采用重选法（包括跳汰选煤、重介质选煤等），小于 0.5mm 的原煤多采用浮选法。一般包括原煤准备、原煤的分选、产品脱水、产品干燥及煤泥水的处理等。

8.21 锑

（1）浮选法。锑矿石的浮选是获得粉状锑精矿的主要选矿方法。用以处理的矿石种类有：单-硫化锑矿、硫化-氧化混合锑矿、钨锑金多金属硫化矿、锑砷金硫化矿等。

（2）重选法。根据不同的矿物在介质流中具有不同的沉降或运动速度进行分选的方法，其中包括跳汰选矿、摇床选矿和离心选矿等。

8.22 锡矿

锡矿传统的选矿工艺为重力选矿。随着锡石粒度不断变细，出现了锡石浮选工艺。此外，由于锡矿物中往往有各种氧化铁矿物存在，如磁铁矿、赤铁矿和褐铁矿等，这些矿物用浮选和重选均不能与锡石很好地分离，因此近年来在锡矿选矿流程中出现了磁选作业。

8.23 云母

云母的分选方法主要有：浮选、重选。

（1）浮选法是根据云母与脉石的物理化学性质进行分选的方法。含云母的矿石首先经过颚式破碎机进行破碎，然后再经球磨机进行研磨到一定的粒度，实现云母的单体解离，并在浮选药剂、浮选机的作用下，云母成为泡沫产品，从而实现云母与脉石的有效分离。其中浮选法需用到长碳链醋酸胺类的阳离子捕收剂和脂肪酸类的阴离子捕收剂。

（2）重选法的大致工艺流程为破碎—筛分分级—风选。风选法需选用专用的设备进行，矿石经过颚式破碎机破碎后，云母呈现薄片状，而长石、石英等矿物呈现块状颗粒。然后对不同级别粒度的矿物用圆振动筛进行筛分分级，将入选物料预选分成较窄的粒度，采用风选设备进行分选。

8.24 铜铅锌矿

8.24.1 硫化铜铅锌矿

（1）优先浮选流程。按矿石中铜铅锌等矿物的可浮性，依次从矿浆中把它们浮选出来，分别得到单独的精矿及尾矿的流程。

（2）混合—优先浮选流程。把全部矿物选到混合精矿中，然后再对混合精矿进行全部分选或部分分选的流程。

（3）部分混合浮选流程。把可浮性相近的有用矿物选到混合精矿中，然后进行分离浮选。

（4）等可浮流程。将可浮性相近的各种矿物选到一种混合精矿中，然后进行分选。

8.24.2 氧化铜铅锌矿

（1）硫化—浮选法。最常见的方法，适用于浮选孔雀石、蓝铜矿及水胆矾等矿物。

（2）直接浮选。用脂肪酸类捕收剂直接浮选。

（3）水冶—浮选联合处理。适用于硅孔雀石、赤铜矿以及氢氧化铁矿物和铝硅酸盐矿物紧密结合的“结合铜”矿石。

8.25 硫铁矿

（1）单一浮选法。一般处理嵌布粒度较细的热液型、后期接触交代型和变质型的硫铁矿。

（2）单一重选法。适宜处理粗粒嵌布的硫铁矿。

（3）重—浮联合法。适宜处理嵌布粒度粗细不均匀的硫铁矿石。

8.26 锂矿

锂矿选矿方法，有浮选法、化学或化学—浮选联合法、热裂选法、放射性选法、粒浮选矿法等。锂辉石浮选有的采用反浮选，有的用正浮选。锂云母易浮，常用正浮选。盐湖锂矿提锂主要是化学法，其流程是将卤水在晒场上蒸发，钠盐和钾盐沉淀析出，氯化锂浓度提高到6%左右，然后将其进入工厂，用苏打法将氯化锂转变成碳酸锂固体产品。

8.27　芒硝

工业无水硫酸钠的制取，大多数都是采用两步法工艺流程。第一步析出芒硝或含有硫酸钠的复盐，第二步将精选后的芒硝加工成成品。由含 Na_2SO_4的天然盐（卤）水或人工盐（卤）水制取芒硝的方法有滩田法和工厂法（冷冻法）。

8.28　钾盐

氯化物型矿石的选矿加工方法通常有：热溶法、浮选法、静电法、重力法、冷分解法及冷分解—浮选联合法等。

（1）热溶法。利用钾盐和石盐在不同温度下，水溶液中具有不同的溶解度而进行分离。其方法是将钾盐与其他盐类矿物的共饱和溶液加热到某一温度，钾盐全部进入溶液，而石盐的溶解度基本不变，以固相残渣而分离，然后将溶液冷却析出氯化钾。

（2）浮选法。利用钾盐与石盐表面润湿性差异进行分选。方法是把捕收剂、起泡剂、催化剂和介质调整剂放入饱和溶液中，使氯化钾表面形成一层薄膜与溶液隔离，当小空气泡通过时，氯化钾颗粒即吸附在气泡上，气泡把氯化钾晶体带到浮选槽顶部，经刮板刮出泡沫，过滤、干燥即为成品。

（3）静电法。利用钾盐和其他伴生盐类矿物加热、冷却及其他方法处理后表面带电性质的差异进行分选。分选前将物料加热到300~700℃，然后冷却到100~200℃，或用专门的调整剂处理，有选择地改变矿物表面的带电性质，从而达到分选的目的。

（4）重介质法（或称重力法）。利用钾盐和其他盐类矿物密度的不同，在特定介质中分离。其方法是选择一种介于钾石盐和石盐密度之间的悬浮溶液，在此溶液中使石盐下沉，钾盐上浮，达到分选的目的。

（5）冷分解—浮选联合法。先将分解光卤石的料浆过滤，分离掉母液，得到近似钾盐的粗钾，其中的氯化钾是刚从光卤石中分离出来的，具有新生态表面，加入一定量的水，经浮选、脱水、干燥得成品。

8.29 锆矿

锆英石选矿工艺主要有重选、浮选、磁选、电选，锆英石选矿厂常分为干式处理和湿式处理，电选和磁选常用于干式处理，重选和浮选常用于湿式处理，具备亲水性的锆英砂精矿与气泡相融合，借助浮力漂浮到矿浆表面，通过浮选机刮板进入精矿槽，最终通过脱水、烘干得到锆英砂精矿。

8.30 钴矿

钴多伴生在铁、铜和镍矿中，国内主要有以下四种钴矿石：铜镍钴矿石、铜钴矿石和铁钴矿石。对于不同的主矿产需采用不同的选矿方法。

（1）铜镍钴矿石。矿石中钴多与铜、镍呈类质同象存在于同种矿物中，在选矿过程中镍钴不能分离，因此，无需设计单独选出含钴矿物的流程，选出的精矿为含钴铜镍精矿和含钴镍的硫精矿，钴是在冶炼阳极电解泥和炉渣中回收的。

（2）铜钴矿石。生产这种矿石的主要有山西中条山有色金属公司的篦子沟、湖北大冶有色公司的铜绿山和四川会理拉拉厂等矿产地。主要含钴矿物为黄铜矿、黄铁矿和磁黄铁矿等硫化物矿物。采用浮选法可将黄铜矿与后两者分离，产出铜精矿和钴硫精矿。冶炼铜精矿的阳极电解泥中仍可回收少量的钴。

（3）铁钴矿石。生产这种矿石的有淄博北金召北、山东金岭铁山、山东莱芜铁矿和湖北黄石铁山等矿产地。主要含钴矿物为黄铁矿、磁黄铁矿以及少量黄铜矿等硫化物矿物。采用浮选法可将硫化物和磁铁矿分离，再以浮选法将少量黄铜矿和黄铁矿、磁黄铁矿分离，同时以磁选分离出磁铁矿，产出铜精矿、钴硫精矿和铁精矿。硫是炼铁的有害组分，此类矿石入炉前必须将硫化物选出，因此，设有选厂的矿山一般都具备浮选流程，此类矿山都可以回收钴硫精矿。

8.31　锶矿

锶是碱土金属中丰度最小的元素。主要的矿物有天青石和碳酸锶矿。

重选是天青石选矿中最常用的方法，最普遍的流程为以跳汰、摇床为主体的流程。

8.32　石膏

大多数矿山对开采出的石膏矿石只是进行简单的手选，将夹石拣出。一些矿石类型较复杂的矿山，在开采时采用重介质选矿、光电选矿、浮选、电选。

8.33　长石

（1）伟晶岩型长石。矿床的长石品质较好，矿物组成较简单，因此其选矿工艺流程也相对简单，选矿原则流程包括拣选、破碎、磨矿、强磁选作业。

（2）白岗岩型长石。矿物成矿均匀，质量稳定，其中钾长石和钠长石占 50%～60%，脉石矿物主要有石英、云母和含铁矿物。通常，该类矿床需要经过浮选法处理后才能获得长石精矿。

（3）花岗岩型长石。选矿原则流程包括破碎、磨矿、分级、浮选（除铁、云母）、浮选（石英、长石分离）作业。磨矿产品需根据矿物组成确定浮选作业。若云母、铁分含量低时，一般经过分级脱泥后，直接进入石英和长石的浮选分离作业。若云母、铁等杂质含量较高时，需要先浮选脱除铁和云母等杂质，后进行长石和石英的分离浮选作业。

（4）长石质砂矿。选矿原则流程主要包括洗矿、擦洗、分级、磁选、浮选等；分级产品需要根据矿物组成确定进行后续选别作业。

8.34　菱镁矿

菱镁矿选矿以浮选法、重选法和化学选矿为重要手段。

（1）浮选法。浮选法是处理菱镁矿的主要提纯方法之一，对于脉石矿物为滑石、石英等以硅酸盐矿物为主的矿石，浮选时通常在矿浆自然 pH 下，添加胺类阳离子捕收剂和起泡剂就能达到良好的效果，将菱镁矿纯度提高到 95%~97%。

（2）重选法。重选法主要是利用菱镁矿与杂质矿物密度间的差异进行分选的一种方法。主要采用跳汰、摇床及重介质等方法，重选前一般加煅烧工艺。

（3）化学选矿。化学选矿用于处理杂质呈微细浸染或以类质同相存在的菱镁矿。通常是将原矿或经煅烧的矿石用浸取剂浸取，再采用不同的方法将杂质沉淀分离出去。根据浸取液的不同，化学法又分为盐酸法、碳酸氢盐法、铵法等。

8.35 硅藻土

硅藻土加工主要是除去其中泥砂、碎屑及铝等杂质，使硅藻富集，一般采用重力选矿方法。重力选矿可分为干式和湿式两种，干式分选是采用空气分离机除掉脉石，或采用旋转式干燥机除掉有机物、易挥发物和水分，主要用于高品位矿石；湿法分选采用水力旋流器等除掉矿石中较大的脉石杂质，主要用于低品位矿石。

8.36 滑石

滑石选矿包括光电选、漂白、干式或湿式磁选、水力旋流器分选、擦洗沉淀浓缩、离心分级、喷雾干燥、微粉工艺及滑石分层、灭菌等特殊工艺。滑石加工除磨粉作业外，选矿厂还可对低品位矿石采用浮选工艺进行选别，同时综合回收有益的伴生矿物。

8.37 硼铁矿

硼铁矿主要有湿法分离工艺、火法分离工艺和细磨—磁选分离工艺等。

（1）硼铁矿湿法分离工艺是先将硼铁矿在酸、碱、盐溶液中溶解，再从浸出液中萃取硼酸，浸渣经磁选得到铁精矿，使硼铁分离。

（2）火法工艺主要是利用高温从矿石中提取金属或金属氧化物的方法，特点为工艺流程短、设备简单、经济效益好。硼铁矿火法分离方法主要有高炉法、还原—磁选分离工艺、直接还原—熔化分离工艺等。

（3）细磨—磁选是硼铁矿分选的重要方法之一，但研究表明，单一磁选分选效果不佳，铁精矿中铁品位低，含硼量高。

8.38 耐火黏土

主要选矿方法有淘洗、浮选、磁选。淘洗是耐火黏土的主要分选方法。磁选用来除去耐火黏土中伴生的弱磁性金属矿物。

（1）淘洗。包括捣浆、脱砂、浓缩等作业。该法对石英、长石、云母等杂质有良好的脱除效果。

（2）浮选。多用于高铝黏土和硬质黏土的提纯。一般是将矿石磨至-0.074mm 90%以上，矿浆经分散剂充分分散后进入浮选作业，常用的分散剂有碱类、六偏磷酸钠及硅酸钠等。这些药剂同时也是脉石矿物的抑制剂。浮选常在碱性或中性矿浆中进行。所用捕收剂有脂肪酸及其皂类、烷基硫酸盐和烷基磺酸盐等。对软质及半软质黏土，还可用胺类捕收剂，在 pH＝2～4 的酸性条件下浮选。

8.39 稀土矿

主要有单一选别工艺、联合选别工艺和浸出工艺。

稀土矿物的选别一般依据稀土与伴生矿物之间的性质差异选用不同的选矿方法，其中浮选和重选是比较常用的单一选矿工艺。

（1）单一浮选工艺。目前浮选法是轻稀土矿的主要选矿方法。浮选法能够有效解决较细粒稀土矿物的回收利用率低这一问题，但是与重选相比，浮选过程中需要添加不同种类的药剂，选矿成本一般较高。

（2）单一重选工艺。此工艺流程简单，但资源回收率较低。

（3）联合选别工艺。主要有浮选—重选—浮选和浮选—选择性团聚流程，联合流程能使稀土共生矿中的有用矿物得到有效富集，经济效益较好。

8.40 重晶石

(1) 重选。原矿经洗矿筛分、破碎、分级脱泥，经跳汰选矿流程，可获得质量较好的精矿，产品品位可达88%以上。

(2) 磁选。常用来选出一些含铁矿物如菱铁矿，用于要求含铁很低的重晶石原料。

(3) 浮选。对于嵌布粒度很细的矿石及重选尾矿的分选必须采用浮选。浮选有正浮选和反浮选两种，反浮选通常是除去碱金属硫化物。

8.41 钽铌矿

钽铌矿选矿粗选一般采用重选法，精选则采用重选、浮选、电磁选或选冶联合工艺，处理粉矿或原生泥含量多的矿石，洗矿作业必不可少，同时采用高效磨矿分级设备，以降低钽铌矿物的泥化。

8.42 方解石

主要采用重选、浮选工艺，分离共伴生的黏土及萤石、长石等。

参 考 文 献

［1］冯安生，郭保健，等. 矿产资源概略研究［M］. 北京：地质出版社，2018.

［2］解世俊. 金属矿床地下开采［M］. 北京：冶金工业出版社，2015.

［3］徐永圻. 采矿学［M］. 徐州：中国矿业大学出版社，2003.

［4］张钦礼，王新民，邓义芳. 采矿概论［M］. 北京：化学工业出版社，2007.

［5］《采矿手册》编辑委员会. 采矿手册［M］. 北京：冶金工业出版社，1988.

［6］古德生，李夕兵，等. 现代技术矿床开采科学技术［M］. 北京：冶金工业出版社，2006.

［7］王昌汉，等. 矿业微生物与铀铜金等细菌浸出［M］. 长沙：中南大学出版社，2003.

［8］王海锋. 原地浸出采铀技术与实践［M］. 北京：原子能出版社，1998.

［9］文先保. 海洋开采［M］. 北京：冶金工业出版社，1996.

［10］杨士教. 原地破碎浸铀理论与实践［M］. 长沙：中南大学出版社，2003.

［11］邹佩麟，王惠英. 溶浸采矿［M］. 长沙：中南工业大学出版社，1990.

［12］王新民，肖卫国，张钦礼. 深井矿山充填理论与技术［M］. 长沙：中南大学出版社，2005.

［13］刘殿中. 工程爆破实用手册［M］. 北京：冶金工业出版社，1999.

［14］李德成. 采矿概论［M］. 北京：冶金工业出版社，1985.

［15］东兆星，吴士良. 井巷工程［M］. 徐州：中国矿业大学出版社，2004.

［16］王运敏. 中国黑色金属矿选矿实践［M］. 北京：科学出版社，2008.

［17］金永铎，冯安生. 金属矿产利用指南［M］. 北京：科学出版社，2007.

［18］冯安生，鞠建华. 矿产资源综合利用技术指标及其计算方法［M］. 北京：冶金工业出版社，2018.

［19］《选矿手册》编委会. 选矿手册［M］. 北京：冶金工业出版社，1990.

［20］《矿产资源综合利用手册》编辑委员会. 矿产资源综合利用手册.［M］. 北京：科学出版社，2000.

［21］胡应藻. 矿产综合利用工程［M］. 长沙：中南工业大学出版社，1995.

［22］李启衡. 碎矿与磨矿［M］. 北京：冶金工业出版社，1983.

［23］孙仲元. 磁选理论［M］. 长沙：中南工业大学出版社，1987.

［24］王海军，薛亚洲. 我国矿产资源节约与综合利用现状分析［J］. 矿产保护与利用，2017（02）：1~5，12.

［25］张胜东，童雄，谢贤，黎继永，杨子轩. 我国选矿废水回用处理方法研究进展［J］. 矿产保护与利用，2016（03）：66~72.

［26］冯安生，许大纯. 矿产资源新“三率”指标研究［J］. 矿产保护与利用，2012（04）：4~7.

［27］罗仙平，谢明辉. 金属矿山选矿废水净化与资源化利用现状与研究发展方向［J］. 中

国矿业，2006（10）：51~56.

[28] 余永富．我国铁矿山发展动向、选矿技术发展现状及存在的问题［J］．矿冶工程，2006（01）：21~25.

[29] 赵恒勤，李劼，王立卓，刘业翔．中国铝土矿资源及氧化铝生产技术状况透析［J］．矿产保护与利用，2001（05）：38~42.

[30] 孟跃辉，倪文，张玉燕．我国尾矿综合利用发展现状及前景［J］．中国矿山工程，2010，39（05）：4~9.

[31] 钱鸣高．煤炭的科学开采［J］．煤炭学报，2010，35（04）：529~534.

[32] 吴立新，朱旺喜，张瑞新．数字矿山与我国矿山未来发展［J］．科技导报，2004（07）：28，29~31.

[33] 夏汉平，蔡锡安．采矿地的生态恢复技术［J］．应用生态学报，2002（11）：1471~1477.

[34] 张长鑫．稀土冶金原理与工艺［M］．北京：冶金工业出版社，1997.

[35] 孙玉波．选矿技术论述选集［M］．沈阳：东北大学出版社，2014.

[36] 吴寿培，刘炯天．采煤选煤概论［M］．北京：煤炭工业出版社，1992.

[37] 王青，史维祥．采矿学［M］．北京：冶金工业出版社，2001.